Trading Intradía Para Principiantes

La Guía Completa Para Convertirte En Un Trader Rentable Utilizando Estas Técnicas Y Estrategias Comprobadas. Incluye Acciones, Opciones, Forex, Futuros & Más

Adam Edwards

Tabla de Contenidos

Introducción

Antes de empezar, quiero agradecerte por comprar este libro como parte de tu investigación acerca del trading. He dedicado mucho tiempo a recopilar algunas de las mejores fuentes, desde libros hasta recursos en línea, para crear una de las mejores guías de trading intradía para principiantes.

Este libro es más que un manual para principiantes para cualquiera que quiera investigar acerca del trading intradía. No sólo hablaré de lo que se trata, sino que también te informaré sobre las estrategias, todos los aspectos básicos, las herramientas que necesitarás, consejos, cómo puedes gestionar el riesgo y ¡mucho más!

En el primer capítulo, me centraré en lo que es el trading intradía. A lo largo de este capítulo, aprenderás algunas reglas básicas y la diferencia entre el trading e invertir.

En el segundo capítulo, hablaré de algunos de los fundamentos que buscarás cuando comiences a realizar tus operaciones. Aprenderás lo que es una lista de observación y lo que implica, cómo debes tener un plan de trading al que atenerte y cómo implementar ese plan.

Hay muchas acciones diferentes cuando se trata del trading intradía. Aunque me resultaría imposible hablar de todos los tipos de acciones que puedes adquirir, me voy a tomar el tiempo de hablar de algunas de las más comunes, como las de centavos y las acciones en juego en el capítulo tres.

El capítulo cuatro te dará información sobre las plataformas y herramientas que encontrarás. Algunas implican un trabajo de preparación antes de que te conviertas en trader intradía, como obtener tu educación y construir tu plan de negocios. En este capítulo, también hablaré de los tipos de corredores que puedes buscar junto con tus derechos cuando se trata de trabajar con tu corredor. A partir de ahí, hablaré de algunas plataformas de trading diferentes para ayudarte a que te hagas una idea de lo que podría utilizar tu corredor o lo que podrías querer instalar en tu ordenador.

El capítulo cinco se centrará en algunos de los consejos y aspectos esenciales que es importante tener en cuenta como trader intradía. En este capítulo, hay siete elementos esenciales básicos, como la preparación, la determinación, la búsqueda de un mentor, la paciencia y la autodisciplina, que discutiré en detalle. A partir de ahí, terminaré el capítulo con algunos consejos adicionales para los principiantes. Estos vienen de operadores experimentados que querían dar su consejo sobre lo que debes hacer como principiante.

El capítulo seis profundizará un poco en la psicología del trading intradía, ya que se centra en el tipo de mentalidad que debes tener al comenzar tu jornada. Por supuesto, es importante tener en cuenta que lleva tiempo desarrollar la mentalidad correcta... la mentalidad ganadora. He dividido este capítulo en las características clave que crean una mentalidad ganadora y luego en las formas de ayudar a desarrollar este estado de ánimo.

El capítulo siete está lleno de varias técnicas y estrategias de negociación que encontrarás y utilizarás a lo largo de tu carrera comercial. Por ejemplo, aprenderás lo que es el impulso de la bandera alcista y las estrategias del patrón ABCD. Además de esto, también hablaré del seguimiento de tendencias, del spread trading, del desvanecimiento, de las operaciones en rangos y de mucho más.

En el capítulo ocho se analizan algunos aspectos básicos que un principiante debe conocer. Este capítulo se centra en varios instrumentos financieros que puedes encontrar como trader intradía, como acciones, divisas, futuros y fondos cotizados.

En el capítulo nueve vamos a echar un vistazo a un tipo de análisis del trading intradía conocido como análisis fundamental.

El capítulo diez trata de otro tipo de análisis, que se llama análisis técnico. En este capítulo, explicaré qué es y cómo utilizarlo.

El capítulo once tratará de cómo se puede gestionar el riesgo. Como cualquier otro tipo de trading, el trading intradía conlleva riesgo, sin embargo, hay maneras de limitarlo para que puedas aspirar a obtener el mayor beneficio posible. Discutiré la regla del 1%, que es seguida por la mayoría de los traders intradía. También profundizaré en los errores comunes que cometen los principiantes y cómo evitarlos.

El capítulo 12 te dará una breve idea de cómo será tu día como trader, ya sea como trader a tiempo completo o a tiempo parcial. Ambas cosas se discuten en este capítulo, junto con el tiempo de inactividad que el mercado de valores ve alrededor de la hora de almuerzo y en la tarde.

El capítulo trece enumera una variedad de términos comerciales que has leído en este libro o que podrías encontrar una vez que empieces a comerciar. Quise incluir esto en un glosario para que pudiera darte una manera de buscar fácilmente una palabra de la que no estés seguro. Una de las mejores maneras de convertirse en un exitoso trader intradía es asegurarte de que entiendes la terminología de la profesión.

Mi esperanza es que al final de este libro, te sientas seguro de qué ruta tomar y qué herramientas necesitas para convertirte en un exitoso trader intradía. Así que, sigue leyendo, infórmate y empieza.

Capítulo 1: ¿Qué es el Trading Intradía?

El Trading intradía es cuando la gente compra y vende acciones en un día. Algunos inversores comprarán por la mañana y venderán antes del final del día, mientras que otros comprarán y venderán a lo largo del día. Las principales estrategias que utilizan cuando invierten son a corto plazo. También se sabe que utilizan un alto apalancamiento, es decir, que utilizan capital prestado que puede ser utilizado en cualquier mercado. El trading intradía tiene varios aspectos positivos y negativos, que serán discutidos más adelante en este libro.

Cuando comiences a operar, descubrirás que puedes hacerlo con más que sólo acciones. De hecho, puedes comerciar con dinero, opciones y productos básicos. Algunas operaciones serán más riesgosas que otras. El tipo de operación que hagas dependerá a menudo del tipo de riesgo que quieras asumir.

Uno de los factores más importantes que hay que tener en cuenta cuando se trata del trading intradía es que si mantienes una acción durante la noche, ya no es parte de esta categoría. En su lugar, esto se convierte en un swing trading. Esto es cuando mantienes una acción por más de un día, hasta unas pocas semanas. Si te interesa más el swing trading, deberías investigar este tema. Si eres un swing trader, no querrás seguir las herramientas o estrategias que se discuten en este libro. Sin embargo, esto no significa que no puedas ser tanto un operador intradía como un operador swing. Hay muchos inversores que participan en ambos negocios. Sólo querrás asegurarte de que entiendes que son formas diferentes de operar y que utilizas las herramientas y estrategias adecuadas para cada una.

Es muy importante como trader intradía que te ciñas a tus planes. Siempre hay momentos en los que los traders intradías, incluso los experimentados, creen que deben mantener las acciones durante la noche. Desafortunadamente, el resultado final de esto es típicamente una mayor pérdida de dinero. Por supuesto, nadie quiere perder dinero en ninguna acción, que es a menudo exactamente el motivo por el que los traders intradía deciden mantener sus acciones durante la noche. Este tipo de traders sienten que si mantienen una determinada acción, la pérdida será menor al día siguiente. Aunque hay algunas historias de suerte, estos momentos afortunados raramente ocurren. Por lo tanto, normalmente verán menos pérdidas si cierran sus posiciones al final del día.

Reglas de Trading Intradía

Centrémonos en algunas de las reglas del trading intradía que todo inversor debería seguir. Estas reglas no están necesariamente grabadas en piedra. Puedes decidir llevarlas contigo en tu viaje de inversión o ignorarlas. Sin embargo, deben ser seguidas para darte la mejor experiencia desde el primer día de tu carrera.

El Trading Intradía es un negocio serio

Cuando algunas personas empiezan a hacer trading intradía, piensan que es para divertirse y jugar y no se toman la profesión en serio. Esto puede ser un grave error. Aunque quieres disfrutar de lo que haces, siempre debes recordar que es un negocio serio.

Hay algunos tipos de inversión que son más fáciles de manejar como una carrera secundaria o en los fines de semana. Si este es el tipo de inversión que estás buscando, no querrás ver el trading intradía. Este tipo de inversión se supone que es un negocio diario y mucha gente lo ve como tu trabajo fijo. Esto significa que una vez que decidas convertirte oficialmente en un trader intradía, debes tratarlo como lo harías con cualquier otra carrera. Tienes que levantarte por la mañana, prepararte para el día y asegurarte de que estás listo para trabajar a la hora fijada, que podría ser tan temprano como las 7 de la mañana.

Aunque tendrás cierta flexibilidad en tu horario con respecto a un trabajo normal, lo que significa que podrías fijar una hora de inicio un poco más tarde por la mañana, deberás asegurarte de fijar un horario que sigas al menos de lunes a viernes. Incluso trabajando desde casa, querrás asegurarte de limitar las distracciones. Por ejemplo, no querrás concentrarte en el trading intradía y ver la televisión al mismo tiempo. Prepara una oficina para ti y presta atención a tu trabajo. Prepárate para tu trabajo como un trader intradía como lo harías para tu trabajo en cualquier otra oficina. No vayas a tu oficina en pijama. Es más probable que sientas que querrás esforzarte al 100% y tener éxito si tratas esto como una carrera.

El Trading Intradía no te ayudará a hacerte rico rápidamente

No deberías ver el trading intradía como un arreglo rápido para hacerte rico. Esta es una idea equivocada común y una razón por la que la gente a menudo recurre a esta práctica. Si realmente quieres convertirte en un exitoso trader intradía, tendrás que asegurarte de que no sólo tienes la paciencia para construir tus inversiones, sino también darte cuenta de que lleva tiempo.

Ser un Trader Intradía es más difícil de lo que parece

El trading intradía no es tan fácil como parece, pero eso no significa que debas dejar este libro y decidir no convertirte en uno. Sólo significa que probablemente necesitarás pasar más tiempo aprendiendo sobre el tema de lo que pensabas inicialmente. Querrás asegurarte de que estás bien versado en el campo antes de hacer tu primera inversión. Afortunadamente para ti, esta es una de las razones por las que decidí escribir este libro. Quiero darte una completa guía para principiantes para que puedas aprender todo lo que puedas sobre el trading intradía para comenzar tu viaje en un solo lugar. En otras palabras, he hecho la mayor parte de la investigación por ti.

Hacer Trading es diferente a Invertir

Una de las reglas más importantes que debes entender antes de convertirte en un trader intradía es que esto es diferente a invertir. Para ayudarte a entender la diferencia, aquí hay algunas diferencias básicas entre el trading y la inversión:

Como inversor, necesitas tener una idea de hacia dónde se dirigen las acciones en el futuro. Sin embargo, como trader intradía, sólo tienes que preocuparte de qué acciones te darán la mejor ganancia financiera en ese día. Miras más de cerca los minutos. De hecho, ni siquiera prestas mucha atención a las horas y definitivamente no te preocupas por el día, la semana, el mes o el año siguiente.

No siempre ganarás

No importa cuánta experiencia tengas como trader, aún habrá días en los que pierdas en una transacción. Mucha gente crea una imagen en su mente en la que se convertirá en un trader tan experimentado que nunca cometerá un error y sólo ganará capital. Si bien esta es una gran visión para ayudar a mantener una mentalidad positiva (discutiré esto en el capítulo 6), seguirás sufriendo una pérdida con algunas de tus operaciones.

El truco para ayudarte a perder el menor capital posible cuando pierdes en una operación es seguir las diversas estrategias de gestión de riesgos. Trataré varias estrategias de gestión de riesgos más adelante en este libro.

Capítulo 2: Conceptos básicos para realizar una operación

Ahora que tienes una buena idea de lo que es y no es el trading intradía, voy a entrar en los fundamentos de la realización de una operación. Este capítulo no es una guía paso a paso para realizar tu primera operación. Sin embargo, describe los principales pasos que debes completar como trader intradía. Este capítulo contiene la información básica que necesitas saber antes de llegar a tu primer día en tu nuevo trabajo.

Construye tu lista de observación

Tu lista de observación se convertirá en una de las primeras cosas que revises por la mañana. Esta lista contiene las acciones potenciales para ti en ese día. Tu lista de observación estará compuesta por docenas de herramientas de negociación que te ayudarán a tomar las mejores decisiones posibles durante tu día de negociación. Además de esto, puedes continuar observando compañías específicas para ver si te gustaría comerciar con ellas en algún momento. Este es un lugar donde podrás ver los patrones dentro de las operaciones y recibir información actualizada sobre el mercado de valores. Entonces, una vez que veas que una acción está justo donde quieres, puedes hacer tu siguiente movimiento.

Hay miles de acciones dentro del mercado, lo que significa que aunque puedes escanear el mercado en su totalidad, definitivamente te perderás mucho si no construyes la mejor lista de observación como trader. Esta lista de observación te permite incluir las acciones que consideras que son las mejores, de modo que puedas continuar observándolas sin tener que examinar el mercado y revisar todas las acciones que no te interesan, ya que nunca tienen un buen rendimiento.

Por supuesto, construir tu lista de observación no es tan simple como parece. Sin embargo, esto no significa que sea imposible o que no puedas crear la mejor lista para tu carrera. Sólo significa que tendrás que esforzarte, hacer tus deberes y asegurarte de que entiendes el entorno del mercado. Una vez que llegues a este punto, serás capaz de desarrollar la mejor lista de observación para ti.

La cantidad de esfuerzo que debes poner en tu lista de observación dependerá de si eres un trader de tiempo completo o de tiempo parcial. Si decides tomar el camino del tiempo parcial, podrás mantener tu lista de observación más simple. Puedes salirte con la tuya teniendo un par de acciones en tu lista de observación. Sin embargo, si eres un trader comprometido a tiempo completo, al menos querrás una lista que incluya a unos cuantos más. Además de esto, la mayoría de los traders a tiempo completo agregan una segunda lista de observación. Ésta no suele ser más grande que la principal, pero aun así ponen la misma cantidad de esfuerzo en su lista adicional.

Debe tener propiedades

Antes de entrar en la construcción de tu lista de observación, quiero hablar de las tres principales propiedades que toda lista de observación debe tener.

1. Única

Es importante asegurarte de que has desarrollado tu lista de observación para adaptarse a tus necesidades. Debe tener tu gusto individual de la bolsa de valores que te ayudará a alcanzar el nivel de éxito que deseas. Como trader, es importante seguir tus pensamientos, objetivos y creencias. Aunque pedirás y escucharás los consejos de otros traders, debes asegurarte de seguir tu *propio* camino. En otras palabras, cuando se trata de tus planes detallados, como tu lista de observación, querrás crearla tú mismo. No querrás depender de nadie más para que te ayude a desarrollar tu lista única.

2. Repetibilidad

Querrás asegurarte de que cualquier plan detallado que crees como tu lista de observación, puedes completarlo cada vez que te sientes a trabajar. Ya sea que seas un trader a tiempo parcial o completo, querrás que sea consistente y estable para que puedas repetir los pasos detallados cada día que comercies.

3. Se Realista

Esto puede convertirse en un problema más importante para los traders a tiempo completo que para los traders a tiempo parcial. Debido a que los segundos generalmente tienen otro medio de ingresos, no siempre se centran mucho en la cantidad de dinero que aportan sus operaciones. Sin embargo, los que trabajan a tiempo completo saben que tienen que ganar cierta cantidad de dinero para su presupuesto. Debido a que por lo general no tienen otra forma de generar ingresos, ponen más énfasis en sus oficios. Esto puede llevar a expectativas poco realistas dentro de su lista de observación. Por ejemplo, muchos operadores afirman que no es realista pensar que se pueden ver cuatro acciones a la vez. Cada acción tiene una gran cantidad de información que necesitas procesar, y nuestras mentes no pueden recordar mucho a la vez. Por lo tanto, es más probable que cometas errores y sufras pérdidas si no eres realista en cuanto a la cantidad de acciones que puedes observar a la vez.

Necesitas asegurarte de que puedes manejar la carga de trabajo que te impones a ti mismo. Además, cuanto más estresado estés por tu lista de observación, más probable es que dejes que tus emociones empiecen a subir, lo que puede provocarte pérdidas. Aunque es posible que tengas que jugar con la cantidad de acciones que puedes observar a la vez, es conveniente que lo hagas lentamente. Por ejemplo, empieza con una acción y luego ve subiendo hasta dos. Si descubres que puedes manejar fácilmente dos acciones, entonces sube a tres. Si descubres que esto todavía es manejable, pero no estás seguro de si puedes manejar otra acción, entonces sigue con tres. Tienes que seguir con lo que puedes manejar y con lo que te sientes cómodo.

Criterios a tener en cuenta al desarrollar tu lista de observación

A continuación discutiré algunas pautas que siempre debes tener en cuenta cuando evalúes una acción. Estas pautas no sólo son útiles cuando se piensa en añadir una acción a la lista de observación, sino también cuando se observa la acción de esta lista.

1. Patrones

Es fundamental conocer los patrones de una acción que piensas añadir a tu lista de observación. A través del patrón, puedes tener una idea de dónde se encuentra en el mercado, cuándo sería un buen momento para hacer tu movimiento de compra o venta, y si la acción vale tu tiempo y esfuerzo. Cuanto más observes el patrón de las acciones, más fácil será predecirlo. Sin embargo, esto no significa que siempre serás correcto. En cierto sentido, estar equivocado aquí y allá es realmente sólo una parte del trabajo. Pero, querrás hacer lo que puedas para disminuir tu riesgo de pérdida, y una forma de hacerlo es observando el patrón de una acción.

2. Análisis de las acciones

No entraré en detalles sobre el análisis de las acciones porque esto se discutirá en profundidad más adelante en el libro. Sin embargo, mencionaré que hay dos tipos de análisis de acciones. El primer tipo es el análisis técnico y el segundo es el análisis fundamental. Cuando se busca una acción para agregarla a la lista de observación, es importante tomar nota del análisis de la acción. A través de esto, serás capaz de obtener la mayor cantidad de información acerca de tu acción, cosa que te ayudará con seguridad a tomar tu decisión.

3. Cantidad de riesgo

Siempre querrás prestar atención a la validez de las acciones, que es la cantidad de riesgo que tiene. No querrás tomar ninguna acción que sea más alta que el nivel de riesgo que te permites en tu plan de trading. Esto es especialmente importante para los principiantes, ya que aún estás aprendiendo los fundamentos del trading, por lo que no debes tomar ninguna acción que sea de alto riesgo para empezar.

Lo que debes evitar en tu lista de observación

Al igual que hay criterios a los que querrás prestar atención cuando añades acciones a tu lista de observación, también hay cosas que querrás evitar.

1. No añadas docenas de acciones

Hay muchos inversores, especialmente traders a tiempo completo, que sienten que cuantas más acciones coloquen en su lista de observación, mejores operaciones tendrán para ganar dinero. Mientras que esto puede ser cierto para algunos traders experimentados, otros de alto nivel declaran que esto es un error. De hecho, hay muchos operadores como Timothy Sykes que creen que es mejor limitar las acciones de tu lista de observación a un par y no más de cinco. Para Sykes, depende de tu experiencia como trader. Si estás empezando, querrás quedarte con una o dos. Sin embargo, si tienes varios años de experiencia y descubres que puedes manejar un par de acciones más, entonces puedes aumentar tu número.

2. No aceptes grandes operaciones

Este es otro punto importante si eres nuevo en la carrera del trading. No querrás hacer negocios demasiado grandes para ti, porque te encontrarás cometiendo errores. No hay manera de que puedas ganar siempre como trader. Por lo tanto, se vuelve más importante mantener tus transacciones pequeñas. Piensa en ello de esta manera: cuando negocias pequeño, tu pérdida va a ser pequeña, pero si negocias grande tu pérdida también será mayor. Querrás mantener tu pérdida tan pequeña como pueda con cualquier operación, ya que no importa cuánto observes el patrón de una acción, no puedes predecir el futuro.

Consejos para principiantes

Dado que no hay reglas rígidas para desarrollar tu lista de observación, es importante vigilar los criterios y evitar los factores que he discutido anteriormente. Sin embargo, para ayudarte a crear y gestionar tu primera lista, aquí tienes algunos consejos útiles.

1. Permanece en el ahora

Querrás recordar que debes estar en el presente cuando manejes tu lista de observación. Aunque los patrones históricos de una acción pueden ser útiles, especialmente para los inversionistas, como trader querrás prestar atención al día actual. Por lo tanto, los patrones históricos no son tan importantes para ti como lo serán para otros.

2. Mantén tu educación como prioridad

Esto se dirá una y otra vez a lo largo de este libro porque es muy importante. Querrás asegurarte de que investigas y te educas como trader intradía antes de emprender tu nueva carrera. Además, continúa aprendiendo y creciendo una vez que empieces a trabajar. Cuando creas tu lista de observación, tu educación es tan importante como lo es para cualquier otra parte de tu negocio de trading intradía. Si necesitas investigar más para manejar mejor tu lista de observación, tómate el tiempo para hacerlo.

3. Recuerda tu lista de observación anterior

Vas a crear diferentes listas de observación a lo largo de tu carrera como trader. Es importante que tomes nota de cada una de tus listas en tu diario de trading. Siempre puedes volver a una lista de observación anterior para ayudarte a desarrollar una nueva.

Presta atención estricta a tu plan de trading

No importa cuánta experiencia o comodidad tengas como trader intradía, siempre querrás asegurarte de que estás prestando atención a tu plan de trading. Querrás revisar tu plan tan a menudo como sea necesario. De hecho, algunos operadores afirman que deberías hacerlo cada día que te sientes a hacer una operación. Como lo discutiré más adelante, tu plan de trading consistirá en tres partes principales: estrategia de entrada, estrategia de salida y stop-loss (detener pérdidas).

Por supuesto, puedes hacer tu plan de trading tan detallado como sientas la necesidad de hacerlo. Querrás crear un plan que establezca tu criterio para tomar una acción, tu criterio para negociar o vender la acción, y luego cualquier plan sobre cómo limitarás la pérdida si te encuentra en una mala operación.

Ejecuta tu plan de acción

Una vez que hayas desarrollado tu lista de observación y revisado tu plan de trading, puedes entonces poner tus planes en acción y comenzar tu día. Cuando vayas a hacer una operación, querrás asegurarte de que sigues tu plan de trading exactamente como está establecido. Si encuentras que necesitas hacer algún cambio, puedes hacer esta nota para cualquier operación futura. Es importante que te atengas a tu plan porque esto te ayudará a aprender dónde están tus fortalezas y debilidades como operador.

¿Cuándo es el mejor momento para tomar tu decisión?

Una de las preguntas más importantes que probablemente te estés haciendo ahora mismo es cuándo podría ser el mejor momento para tomar la decisión de invertir en una acción. Mientras que algo de esto dependerá de la técnica que estés usando y de tus propias creencias personales, las principales razones son el probable movimiento y el precio. Como cualquier trader, querrás recibir el mayor beneficio posible. Por lo tanto, a medida que empieces a comerciar, encontrarás pequeños consejos y trucos dentro de los patrones que te ayudarán a decidir cuándo tomar tu decisión.

Tu educación también te ayudará cuando necesites tomar una decisión. Esta es otra razón por la que es tan crucial asegurarte de tomar clases de trading, hacer tus investigaciones e involucrarte en las comunidades en línea. El conocimiento que obtengas sobre el trading intradía puede provenir de todas estas fuentes.

Lo más importante que hay que recordar es que no querrás mantener las acciones de la noche a la mañana. Querrás asegurarte de que lo cierras al final del día. Sin embargo, una vez que tomas una acción nunca sabes si vas a negociar la acción en cinco minutos o al final del día porque tienes que hacerlo. Por eso, tomarte el tiempo de analizar las acciones antes de decidir ponerlas en tu lista ayudará a disminuir los riesgos y te dará una mejor oportunidad de obtener una ganancia de capital.

Capítulo 3: Encontrando un mercado adecuado

Una vez que empieces a comerciar con acciones, escucharás la frase "sólo eres tan bueno como las acciones con las que comercias" a menudo. Según muchos expertos en trading intradía, hay mucha verdad en esta frase. Sin embargo, esta frase no debería asustarte. Todo principiante no sabe cuáles son las mejores acciones para su negocio al principio. Quiero ayudarte a aprender cuáles son las mejores acciones para que puedas tener la mejor experiencia en tu negocio desde el principio.

Esto no quiere decir que no vayas a cometer errores. Sin embargo, no debes pensar en los errores que cometes. En su lugar, querrás *aprender de ellos* para que puedas entrar en el futuro de tu día de negocios con más experiencia y una lección aprendida. También debes recordar que incluso algunos de los traders más experimentados cometen errores. Pero, cuanto más tiempo te tomes para aprender sobre tu nueva carrera, menos errores cometerás en el camino.

Como en cualquier trabajo, querrás ganar dinero constantemente. Por lo tanto, necesitas elegir las acciones que se van a mover y tener suficiente volumen. Si no te concentras en estas acciones, entonces has perdido un día de negociación, has ganado muy poco dinero, o incluso has perdido dinero.

Seleccionando las mejores acciones para negociar

Seleccionar las acciones adecuadas para tus operaciones puede ser una de las decisiones más difíciles que tomarás a lo largo del día. Empezarás este proceso de inmediato por la mañana mientras te pones al día con las noticias y ves lo que ha cambiado en el mercado de valores durante la noche. Usarás tu educación, técnicas y otros conocimientos para revisar y encontrar algunas acciones que despierten tu interés como posible operación ese día.

Uno de los factores más importantes que debes recordar antes de seleccionar es que querrás asegurarte de que crees que estas acciones te van a dar un beneficio considerable. Piénsalo de esta manera: puedes comprar una acción por 15 dólares y luego, en cinco minutos, venderla con una ganancia de 500 dólares. Para muchas personas, esto es más dinero de lo que ganan en tu trabajo diario habitual en un día y tú lo hiciste en cinco minutos.

Aunque este ejemplo no es la forma en que la mayoría de tus operaciones se llevarán a cabo, es posible. Sólo tienes que asegurarte de seguir los pasos, aprender todo lo que puedas y seguir los fundamentos que están escritos en este libro y en otros lugares sobre el trading intradía. También debes darte cuenta de que no te convertirás en un éxito de la noche a la mañana. De hecho, pueden pasar meses antes de que empieces a ver un buen beneficio.

Pero aun así, esto no responde a qué tipo de acciones puedes seleccionar como un trader intradía. Aunque no puedo decirte qué acciones específicas serán las mejores para ti (ya que sólo tú puedes decidirlo), puedo darte una breve lista de algunas de las acciones con las que te toparás que parecen estar en las listas populares.

Acciones de micro capitalización

Las acciones de micro capitalización son una opción que puedes considerar. Estas acciones no son muy populares y tienden a ser una parte del mercado donde la mayoría de los traders intradía no miran. Sin embargo, estas son algunas de las más baratas de comprar, y aunque normalmente están por encima de un centavo, tienden a estar por debajo de 1 dólar cada una. Al mismo tiempo, muchas de estas acciones tienden a no negociarse por más de 5 dólares. Esto todavía puede darte una buena ganancia si inviertes en las acciones de micro capitalización adecuadas. El truco está en comprender los detalles de estas para obtener la mejor ganancia de ellas.

Al mismo tiempo, las acciones de micro capitalización pueden darte una gran pérdida de capital. Esto se debe a que las empresas que entran en esta categoría son las que no están haciendo lo mejor y esperan ganar algo de dinero a través de las inversiones realizadas en su empresa. A menudo esto puede funcionar mejor para la empresa que para el trader, sobre todo porque la empresa ganará el dinero que pongas en las acciones, mientras que tú podrías terminar perdiendo dinero en tu operación.

Debido a esto, querrás asegurarte de que entiendes a qué empresa estás comprando si decides entrar en las acciones de micro capitalización. Si sabes cómo manejarlas y la empresa parece tener más éxito, entonces es más probable que obtengas una ganancia que una pérdida. Sin embargo, no es sólo la empresa de la que querrás saber si negocias con acciones de micro capitalización.

También querrás asegurarte de que sabes dónde has oído hablar de las acciones de micro capitalización. Desafortunadamente, como en otras áreas del mundo, el mercado de valores está lleno de gente que está tratando de estafar a otras personas con dinero de una manera u otra. Algunas de estas personas se centrarán en las acciones de micro capitalización. Compran toneladas de estas y luego hacen comunicados de prensa falsos o publican información falsa sobre lo bien que le va a la compañía. Hablarán de que si compras algunas de estas acciones podrás terminar tu día con un gran beneficio. Sin embargo, debido a que no hay verdad en lo que dicen, podrías terminar con una pérdida al final del día en lugar de una ganancia. Esta es otra razón por la que es extremadamente importante asegurarte de hacer tu investigación antes de tomar cualquier acción u otra inversión.

Las acciones en juego

Esta es una frase popular que los traders de hoy en día utilizan a menudo. Las acciones en juego se refieren a aquellas que tienen grandes oportunidades de recompensa. Sin embargo, debido a ello, también pueden tener un riesgo mayor que otras acciones. Debido a esto, es mejor que los principiantes adquieran un poco de experiencia en el trading antes de empezar a mirar las acciones en juego.

Las acciones en juego cambiarán diariamente, lo que tiende a ser un beneficio para los traders intradía. Todas las acciones incluidas te permiten ser eficiente con tu poder de compra, que es una de las mejores maneras de obtener un beneficio.

¿Cómo puedes encontrar acciones en juego? En realidad hay varias vías que te permiten encontrar acciones que están incluidas en esta categoría. Por ejemplo, acciones que tienen noticias frescas, una acción que ha aumentado o disminuido alrededor del 2% justo antes de que el mercado abriera para el día, o una acción que tiene grandes niveles intradía.

Fideicomiso SPDR S&P 500

El SPDR es una de las acciones más calientes del mercado en 2019. Ya sea que estés más interesado en invertir o seas un trader intradía, esta es una acción común que debes ver. Cuando se trata de comerciar, el SPDR recibe más de 100 millones de transacciones al día, y se sabe que genera muy buenas ganancias.

Si bien esto puede parecer la inversión correcta para un trader intradía, ya que muchas personas sienten que casi garantiza un beneficio, todavía querrás asegurarte de que se ajusta a tu estrategia. Además de esto, querrás seguir tu plan de trading antes de comprar estas acciones. Incluso si la acción es conocida como una de las más populares con buena ganancia, todavía debes asegurarte de que se ajusta a tu plan, tu estrategia y tu estilo como trader.

Las compañías exitosas a menudo significan acciones de trading intradía populares

Algunas de las acciones más comunes que la gente mira como traders intradía son también algunas de las compañías más populares. Por ejemplo, JCPenney, Facebook y Yahoo! a menudo encabezan las listas. Aunque estas acciones son populares por los beneficios y ganancias que los traders intradía tienden a recibir de ellas, esto no significa que quieras saltar sobre estas acciones para empezar. Como se ha dicho antes, querrás asegurarte de que encaje en tu plan, estrategia y en todas las demás facetas de tu esquema de trading antes de decidir qué vas a adquirir cualquiera de las acciones más populares.

Además de esto, para los traders intradía, algunas de las compañías más populares también pueden tener mayores riesgos que otras compañías. Debido a esto, vas a querer asegurarte de que las acciones se ajustan a tu nivel de riesgo antes de hacer cualquier tipo de compra o trading.

Factores que te ayudarán a seleccionar las mejores acciones

Para ayudarte a encontrar las mejores acciones para ti, primero debes desarrollar tu plan de trading. Este es el plan que seguirás a lo largo de tu carrera. También revisarás este plan a menudo. Se discutirá más adelante en este libro con mayor detalle.

Otro paso de desarrollo en el que querrás centrarte antes de lanzarte al mercado es asegurarte de que has elegido tu estrategia y de que la entiendes a fondo. Necesitas asegurarte de que conoces bien tu estrategia, porque a menudo tendrás que pensar rápidamente cuando se trata de analizar una acción y si funcionará con tu estrategia o no.

Una vez que hayas pasado por lo básico para iniciar tu negocio de trading, entonces puedes empezar a centrarte en qué tipo de acciones buscarás. Si bien he discutido algunas acciones e información sobre el tipo de acciones que muchos traders intradía trabajan, también quiero discutir los diversos factores que pueden ayudarte a decidir qué acción es la mejor para ti.

Volatilidad y volumen

La volatilidad es una medida matemática que querrás completar para ayudarte a determinar qué tipos de devoluciones recibirás de una acción específica. Una de las reglas clave que hay que recordar cuando se trata de la volatilidad es que cuanto más alta sea la medida, más riesgoso será el valor.

Cuando hablamos de volumen en el mercado de valores, nos referimos al número de acciones que se negociaron a lo largo del día. Debes prestar mucha atención al volumen cuando entres en la parte de análisis técnico de tu carrera como trader intradía.

Tanto el volumen como la volatilidad son importantes cuando se busca qué tipo de acciones hay que observar para ver si es algo que te interesará comprar o comerciar. Por supuesto, siempre deberás observar las pautas y los factores que tú mismo establezcas en tu plan de negocios, como tu nivel de riesgo y la cantidad de volumen con la que te sientas cómodo.

Si eres un trader que está más interesado en que sus acciones se muevan lentamente, entonces querrás centrarte en las acciones que tienen un volumen más alto que la volatilidad. Sin embargo, si quieres centrarse en acciones en las que los precios tienden a aumentar y disminuir rápidamente, entonces debes mirar en otra dirección al elegir tus acciones.

Es importante tener en cuenta que, independientemente de las acciones que estés observando, la volatilidad y el volumen van a cambiar con el tiempo. Este es un proceso natural del mundo del trading y al que te acostumbrarás. De hecho, es a través de estos dos factores que comenzarás a analizar las acciones que estás observando para medir tu nivel de interés en la toma de estas acciones.

Redes sociales

Parece que estamos viviendo oficialmente en un mundo en el que no importa la profesión de la que formemos parte, las redes sociales van a aparecer en algún lugar a lo largo de la línea. Esto no es diferente en la profesión del trading intradía. Debes revisar las redes sociales a menudo de las diferentes acciones que puedes elegir, como Instagram, Facebook y Twitter para encontrar un lugar donde obtener algunas de las noticias actuales sobre el mercado de valores.

Sin embargo, hay muchos traders intradía que afirman que hay que ser cauteloso cuando se mira en las redes sociales para ayudar a elegir tu próxima acción. Si alguna vez has prestado atención a los informes de noticias que ves en Facebook, es posible que te hayas dado cuenta de que no todos estos informes están basados en hechos. La parte desafortunada del aumento de las redes sociales es que cualquiera puede publicar cualquier cosa y conseguir que sea una tendencia en las noticias. Debido a esto, podrías encontrarte leyendo un informe que no dice toda la verdad. Es por eso que siempre debes asegurarte de encontrar más de una fuente que diga lo mismo cuando se trata de noticias sobre el mercado de valores.

Busca las acciones que muestren una tendencia alcista

Algunos traders dicen que lo que les ayuda a encontrar las mejores acciones es encontrar una que haya aumentado lentamente de precio con el tiempo. Podrás ver esta tendencia cuando te centres en la parte de análisis técnico del trading de acciones, ya que es cuando se mira a través de la historia de las acciones.

Por supuesto, debes tener en cuenta que este podría no ser el mejor factor para que te centres en él. Por ejemplo, si sigues una técnica que tiende a centrarse en hacer una operación cuando ve que el precio de las acciones disminuye durante el día, podrías encontrar que las acciones que han estado aumentando lentamente no son las más adecuadas. Sin embargo, también es importante recordar que los precios de las acciones suben y bajan durante el día. Por lo tanto, incluso una acción que ha mostrado subir gradualmente tendrá momentos a lo largo del día en los que cae.

Capítulo 4: Herramientas y plataformas

Edúcate

Tienes que asegurarte de que te educas en tu tema. Querrás tratar el trading intradía como tu nueva carrera. Por lo tanto, debes asegurarte de que has investigado tu tema y considerarte un experto en el trading intradía. Por supuesto, hay lecciones que vas a aprender de forma natural cuando empieces a operar. Los traders experimentados creen que la gente debería tomarse unos tres o cuatro meses y practicar con los simuladores antes de practicar con el dinero.

Construye tu plan de negocios

Necesitas tener un plan de negocios. Uno de los factores más importantes a recordar cuando te metes en el trading intradía es que tienes que tratarlo como cualquier otra opción de carrera seria. Con cualquier negocio que inicies y en el que te metas, tendrás un plan de negocios. Debes asegurarte de que tu educación es parte de tu plan de negocios (por ejemplo, cualquier clase que planees tomar). También tienes que asegurarte de que tu horario, las herramientas que usarás, las plataformas, la tecnología, el software y cualquier otra cosa que se incorpore a tu negocio es parte de tu plan.

Otra cosa que hay que recordar cuando se crea el plan de negocios es observar cada uno de los detalles. No querrás perderte algo o pensar que está bien saltarte algo. Además de esto, querrás asegurarte de que miras tu plan de negocios a menudo, incluso después de empezar a operar. De hecho, es mejor si miras tu plan de negocios al menos una vez al mes, si no más.

Asegúrate de que tienes los suministros adecuados

Debes asegurarte de encontrar un sistema de apoyo de una comunidad de traders, tener un servicio de Internet de alta velocidad, una gran plataforma que soporta teclas de acceso rápido, un escáner que te ayudará a encontrar las acciones adecuadas para operar, y el mejor corredor. También querrás asegurarte de que puedes manejar financieramente las cuentas que formarán parte de tu nueva carrera de trader. Estas facturas pueden incluir el alquiler y las licencias de software, la factura mensual de Internet, la factura de electricidad, la comisión del corredor y los costes de la plataforma. Además, probablemente querrás formar parte de una comunidad en línea, una práctica que tiene varios beneficios que discutiré más adelante en el libro, y ten en cuenta que estas comunidades a menudo tienen suscripciones.

Guarda suficiente dinero en efectivo

Tendrás que asegurarte de que tienes suficiente dinero en efectivo, lo que a menudo se denomina capital inicial. Como en cualquier otro negocio, querrás asegurarte de que puedes permitirte el lujo de hacer negocios durante el día. Sin embargo, no sólo necesitarás dinero cuando empieces a invertir, sino que también necesitarás dinero para asegurarte de que puedes pagar las facturas y la tecnología que se utiliza en el trading intradía, como se mencionó anteriormente.

Asegurarte de tener suficientes finanzas es un paso importante porque una de las principales razones por las que la mayoría de los traders intradía pierden su dinero o quiebran es porque no tenían suficiente capital inicial. Si necesitas posponer el inicio de tu carrera en el trading intradía durante un par de meses o más para asegurarte de que tienes suficiente capital, está bien. Como dice el viejo refrán, es mejor estar seguro que arrepentirse. No querrás encontrarte pensando en formas de recortar para ahorrar tu dinero para invertir. Por ejemplo, es una mala idea decidir no seguir adelante con las clases o con las suscripciones de la comunidad de trading intradía por cuestiones financieras, ya que son increíblemente importantes. Si empiezas a recortar las herramientas que pueden ayudarte a convertirte en un exitoso trader intradía, puedes encontrarte fácilmente en una espiral descendente. Esto puede hacer que no sólo pierdas más dinero, sino que también te cause mucho estrés y emociones dentro de las operaciones, lo que puede causar más problemas dentro de tu carrera de inversor al perjudicar tu capacidad de tomar decisiones rápidas basadas en el análisis lógico. Si no estás preparado, es más probable que cometas errores.

Encuentra un corredor

Una de las primeras cosas que querrás hacer es encontrar un corredor de confianza. Es importante que no sólo encuentres un corredor capaz y competente, sino uno en el que puedas confiar. Recuerda que recibirás asistencia de tu corredor sobre tu futuro financiero. Por lo tanto, deberás asegurarte de que no sólo hablas con el corredor antes de aceptar la contratación, sino que también querrás tomar medidas adicionales para verificar los antecedentes que tenga. Tienes derecho a averiguar cómo ha manejado las cuentas de otras personas. Por ejemplo, la información de antecedentes puede informarte sobre cualquier queja que la gente haya presentado contra el corredor con anterioridad. Además, podrás ver el historial de empleo del corredor y tener una idea de por qué cambió de trabajo en el pasado.

El corredor que elijas te ayudará en muchas tareas. No sólo te aconsejará sobre qué acciones elegir, sino que también podrás seguir el proceso de compra y venta de las mismas. Los mejores corredores trabajarán contigo y te ayudarán a aprender el oficio. Si descubres que tu agente de bolsa retiene información de cualquier tipo, por ejemplo, que no te da la información correcta sobre las acciones o que no te permite ver tus registros, debes buscar otro agente de bolsa. Siempre tienes el derecho de ver todos tus registros y saber exactamente lo que tu corredor está haciendo con tus acciones y finanzas.

Conoce tus derechos

Antes de buscar a tu corredor de confianza, hay varios datos que debes saber primero. Uno de ellos es tus derechos cuando se trata de trabajar con un corredor.

- Tienes derecho a pedir y recibir información sobre los antecedentes de tu corredor. Esto puede ayudarte a conocerlo, para que puedas encontrar uno en el que puedas confiar con tu información personal y tus finanzas.
- Tienes derecho a conocer toda la información sobre cualquier acción u operación antes de que tu corredor haga cualquier compra o venta.
- Tienes derecho a todos los informes sobre tus operaciones.
- Tienes el derecho de hacer cualquier pregunta o buscar cualquier otro medio para ayudarte a entender todos los informes y la información que se te da.
- Tienes derecho a recibir todas las formas de comunicación en forma de cartas u otros medios de correspondencia escrita. Nadie tiene derecho a impedirte ver y entender ninguna de tus informaciones.
- Si sientes que no estás recibiendo toda tu información, no entiendes tus informes, o no sientes que tu corredor esté ayudando, tienes el derecho de ir por encima de tu corredor a su supervisor.
- Si tu corredor forma parte de una firma sucursal, tienes derecho a acudir a la sede de la firma sucursal con cualquier pregunta o inquietud.
- Tienes derecho a ponerte en contacto con la agencia de tu estado o condado con cualquier inquietud sobre los antecedentes de tu corredor, incluyendo su historial de empleo o cualquier queja presentada contra él.

Tipos de corredores

1. Sure Trader es un corredor que se centra en el trading internacional. Los Sure Traders también tienden a enfocarse en ayudar a los traders intradía que no caen bajo la regla mínima de $25,000 para los residentes de los Estados Unidos. Esta regla se conoce como la regla del patrón de los traders intradía establecida por la Autoridad Reguladora de la Industria Financiera. Esta regla establece que no sólo el trader intradía debe mantener un saldo mínimo de 25.000 dólares en su cuenta, sino que el cliente también debe realizar al menos cuatro operaciones durante un período de cinco días.

Si bien los Sure Traders son comunes para los traders intradías, no todos los operadores, especialmente cuando comienzan a operar, pueden mantener el monto mínimo en su cuenta. También es importante tener en cuenta que estos corredores tienen comisiones más altas. Por ejemplo, sus comisiones suelen ser más altas, como el cobro de más de 10 dólares por una operación de compra y venta. Al mismo tiempo, los Sure Traders son la mejor opción para las personas que no pueden mantener el saldo mínimo en sus cuentas.

2. Los corredores interactivos tienden a ser uno de los tipos de corredores más baratos, ya que sólo cobran alrededor de $1 por operación. Sin embargo, generalmente no trabajan con personas que no pueden seguir la regla del trader intradía. Si eres un trader intradía que estás planeando la compra de miles de acciones, este es el mejor tipo de corredor para ti porque sus honorarios son los más bajos. Sin embargo, querrás asegurarte de que puedes seguir la regla y tener algo de experiencia en el trading intradía. Cuantas más acciones compres, más experiencia deberás tener. Está bien empezar con unas pocas acciones mientras aún estás aprendiendo las reglas del trading intradía. Esto te ayudará a limitar los errores y a minimizar el riesgo. Cuantas más acciones compres, más riesgo tendrás.

No importa cuáles sean tus condiciones, siempre debes asegurarte de encontrar el corredor adecuado para ti. Además, debes asegurarte de que puedes confiar en tu corredor. Si no tienes una buena relación con tu agente de bolsa o si te preguntas si te está ayudando realmente, es hora de tomar las medidas necesarias para asegurar tu futuro financiero.

Plataformas de trading

Hay una variedad de plataformas de trading que puedes usar. Querrás asegurarte de hacer tu investigación sobre qué plataforma es la más adecuada para ti, ya sea a través de tu corredor o tú mismo. Por ejemplo, si descubres a través de tu investigación que tu corredor tiene una plataforma antigua que es lenta, no querrás elegir ese corredor. Debes asegurarte de que la plataforma que utilicen esté actualizada y sea rápida. Si tienes una plataforma que funciona más lentamente que la mayoría, no podrás realizar las operaciones correctamente. Las operaciones deben hacerse rápidamente en el trading intradía. Por lo general, querrás operar tan pronto como veas un aumento en el precio de tus acciones. Si utilizas una plataforma lenta, tu operación no se llevará a cabo como debería y puedes encontrarte perdiendo mucho dinero. A continuación encontrarás varias plataformas que puedes consultar al comenzar tu jornada de trading.

DAS Trader

La plataforma DAS trader es una de las más populares debido a todas las herramientas y servicios que ofrece. Además de esto, la plataforma ha existido por casi dos décadas y los desarrolladores han trabajado duro para asegurarse de que la tecnología dentro de la plataforma se mantenga actualizada para que los traders puedan seguir teniendo la mejor experiencia posible.

A esta plataforma le gusta dar a los operadores la ventaja de no sólo utilizar las herramientas incluidas, sino que también permite aprender estrategias que pueden ayudarlos a llevarlos al siguiente nivel como operadores. Mientras que muchas plataformas se centran en esto, DAS trader es conocido por ofrecer este tipo de ayuda para un operador de cualquier nivel.

Hay muchos corredores de bolsa que se centrarán en la plataforma de trading DAS. Por lo tanto, si estás interesado en utilizarla para tus necesidades de trading, serás capaz de encontrar fácilmente una empresa o un corredor que no sólo utilizará esta plataforma, sino que también te ayudará a entenderla.

Algunos de los servicios que la plataforma DAS trader tiene dentro de su sistema son los múltiples tipos de stop (paradas), un soporte para múltiples monitores, la gestión de la cuenta en tiempo real, y el trading de opciones y acciones.

Trader Workstation (TWS)

Mientras que los análisis generales de la plataforma TWS afirman que es una de las mejores disponibles, hay otros traders que dicen que puede ser difícil de navegar, al menos al principio. A muchos les gusta esta plataforma por todas las grandes herramientas y servicios que ofrece, desde alertas hasta comparaciones de gráficos. Por supuesto, estos servicios suelen formar parte de toda plataforma decente, sin embargo, el diseño que viene con todos estos servicios tiende a ser muy atractivo para muchos.

Además, se trata de otro programa de trading que ha estado en funcionamiento durante un tiempo y sigue actualizándose. Mucha gente afirma que con cada actualización, hay mayores y mejores mejoras para la plataforma TWS.

Lightspeed Trader

Lightspeed se lanzó en 2006 y desde entonces se ha convertido en una de las plataformas más populares para los traders. Esta plataforma ofrece una variedad de servicios similares a las otras, con la ventaja añadida de poder personalizar tu plataforma de la manera que quieras verla. Además, Lightspeed Trader es conocida por ser fácil de navegar y fácil de entender. De hecho, muchos operadores creen que esta es una plataforma ideal para cualquier principiante.

Capítulo 5: Siete elementos esenciales para el trading intradía

Cuando empiezas tu nueva carrera, nunca puedes aprender suficientes trucos y consejos que te ayuden a convertirte en un exitoso trader intradía. Este capítulo no sólo te dará los siete consejos esenciales que todo trader debe saber, sino que también incluirá una sección de bonificación con consejos adicionales para ayudarte a comenzar tu carrera de trader intradía.

Los siete esenciales

Uno de los elementos esenciales más importantes para cualquier trader es la mentalidad correcta. Este esencial se considera la base de tu negocio. Sin embargo, esto no quita la importancia de los otros esenciales para el trading intradía.

En el próximo capítulo, discutiré uno de los más importantes esenciales para cualquier trader intradía, que es la mentalidad correcta. Este esencial recibió su propio capítulo porque es realmente el más importante ya que se considera la base de tu negocio. Sin embargo, esto no quita la importancia de los otros elementos vitales del trading intradía.

1.   *Educación y trading simulado*

La educación es una parte importante de tu vida, no importa hacia dónde te dirijas en la carrera que elijas. La educación es también uno de los pasos más importantes para alguien que se dedica al trading intradía.

Para el trading intradía, la educación es continua. No importa si estás empezando en el campo o si eres un operador experimentado, siempre estarás trabajando en la investigación, aprendiendo todo lo que puedas sobre el trading, y tomando varios cursos de trading intradía.

Para aquellos interesados en subir la apuesta cuando se trata de educarse en el trading intradía tomando cursos, hay tres factores a los que debes prestar atención cuando elijas tu escuela.

a. Encuentra un mentor

Querrás encontrar una escuela donde sepas que puedes encontrar un mentor. Hay varias razones para esto. Primero, querrás poder ir a esta persona para que te aconseje sobre el trading intradía. Por lo tanto, debes asegurarte de que el instructor no sólo es confiable sino que también tiene gran experiencia como trader intradía. En segundo lugar, es difícil encontrar tus propios errores. Por lo tanto, querrás encontrar un mentor que sea capaz de identificar tus errores y ayudarte a corregirlos para que puedas convertirte en el mejor trader intradía posible. Tercero, a veces es difícil para nosotros ver lo que estamos haciendo correctamente. Podríamos pensar que no estamos haciendo algo bien, cuando en realidad, lo estamos haciendo muy bien. Tu mentor también podrá señalar tus puntos fuertes y ayudarte a desarrollar estos activos aún más.

b. Bases

Cuando busques un curso para tomar, querrás encontrar uno que te enseñe las diversas estrategias y se centre en otras áreas del trading intradía para que puedas recibir una educación completa. Hay varias escuelas de trading intradía en línea que te permiten ver las estrategias que enseñan de forma gratuita, ya que este es un aspecto muy importante para convertirte en un exitoso trader intradía.

c. Apoyo

También querrás encontrar una escuela que ofrezca el beneficio del apoyo *después* de que completes el curso. Si alguna vez te has graduado con tu licenciatura, maestría o doctorado, sabrás lo útil que es el apoyo después de que hayas completado el programa. Este sistema de apoyo puede convertirse en un mentor para ti una vez que hayas terminado el curso y estés en camino de convertirte en un exitoso trader. Otra razón por la que el apoyo es tan importante es porque es fácil olvidar los buenos hábitos y agarrarse a los malos. Típicamente, ni siquiera te das cuenta de este cambio por ti mismo y alguien más tiene que señalártelo. Entonces, dependiendo de cuánto tiempo hayas estado enfocado en los malos hábitos, podría ser muy difícil para ti cambiarlos.

El popular sitio web de la enciclopedia de inversiones en línea conocido como Investopedia creó un curso de trading intradía en 2017. El curso "Conviértase en un trader intradía" cubre todo lo que necesitas saber desde el principio, donde crea un lugar de trading, hasta hacer tu primera operación. El curso lo imparte un veterano de 30 años de Wall Street, David Green, que ahora quiere centrarse en ayudar a los traders intradía a tener más éxito. Green pudo retirarse como trader a la edad de 40 años debido a su éxito. Este curso cuesta unos 200 dólares e incluye unas 50 lecciones en video.

The Stock Whisperer es otro sitio que tiene varios cursos de trading intradía para ayudarte a alcanzar tu mayor potencial como trader. Stefanie Kammerman es la creadora de este sitio y no sólo tiene videos para ayudarte a aprender sino que también ha publicado libros. La carrera de Kammerman en el mundo del trading comenzó a mediados de la década de 1990 y para 2010, ella había creado un curso en línea para ayudar a otros traders a comenzar una nueva carrera. Los cursos varían entre 100 y 500 dólares y ofrecen apoyo para después de que empieces tu carrera, siempre y cuando quieras el apoyo que Kammerman ofrece.

La Academia de Trading en Línea es una de las escuelas de trading más populares en internet. La academia comenzó en 1997 con cursos de mercado de valores y ha crecido hasta incluir varios cursos que se centran en el mercado de valores. En 2001, la Academia de Trading en Línea creó un lugar físico para los traders. Hoy en día, hay más de 250.000 traders que forman parte de la academia. No sólo pueden comenzar tu carrera comercial a través de los cursos de la academia, sino que también pueden continuar su educación y obtener apoyo después de comenzar tu carrera comercial.

También debes continuar tu educación ampliando tu investigación. Aunque he creado este libro para darte la mejor guía condensada para principiantes que he podido, esto no significa que deba ser el único libro que leas. Hay una variedad de otros libros sobre el tema que son tan importantes para que hagas referencia en tu carrera. Algunos de estos libros los he usado como investigación yo mismo al crear este libro, mientras que otros los he encontrado para darte una lista de lectura. Aquí tienes algunos libros para que los veas (algunos solo se encuentran en inglés, pero existen miles de referencias ahí fuera).

1. *Trading: Technical Analysis Masterclass: Master the Financial Markets* de Rolf Schlotmann y Moritz Czubatinski se publicó en 2019. Este libro se centra en la parte del análisis técnico del mercado de valores. Sin embargo, el libro también mira más allá del análisis técnico y en la psique del trader.

2. *How to Day Trade for a Living: Tools, Tactics, Money Management, Discipline and Trading Psychology* por Andrew Aziz. Este libro fue publicado en 2015 y es conocido por ser uno de los libros más populares del mercado. Te da una variedad de información sobre el trading intradía de principio a fin.

3. *Advanced Techniques in Day Trading: A Practical Guide to High Probability Day Trading Strategies and Methods* por Andrew Aziz fue publicado en 2018. Este es el seguimiento de Aziz a su libro de trading intradía de 2015.

4. *Trading Intradiario: Una guía completa para principiantes para comenzar y aprender Day Trading de la A a la Z* por John Reigner se publicó en 2019. Esta es otra guía para principiantes que te da toda la información esencial que necesitas para comenzar tu nueva carrera.

5. *Day Trading Options: This Book Includes- Day Trading Strategies, Options Trading: Strategy Guide for Beginners, Trading Options: Advanced Trading Strategies and Techniques* por Brandon Lee. Esta es una serie de tres libros que se publicaron en 2018 y contiene información tanto para principiantes como para operadores de día avanzados.

El trading con simuladores es con lo que siempre debes empezar a comerciar. Nunca querrás empezar con dinero de verdad ya que te darás cuenta, como todo trader principiante, que cometes la mayoría de tus errores al principio. Por lo tanto, si comienzas con el trading simulado, no tendrás que preocuparte por perder dinero real. Esta operación te permite hacer trading en tiempo real como práctica. Mientras que algunos corredores te permitirán utilizar datos de mercado anteriores, lo deseable es que utilices datos de mercado en tiempo real.

Las simulaciones de trading se realizan mediante un software por el que tendrás que pagar, normalmente con una periodicidad mensual. Por ejemplo, si decides usar este software durante unos 5 meses, podrías pagar alrededor de 600 dólares al final de tu formación. Aunque esto puede parecer mucho dinero, vale la pena ya que puedes aprender el mercado de valores de forma práctica sin tener que preocuparte por perder dinero. Podrás tener una idea de tus puntos fuertes, cometer errores y aprender a corregirlos.

Los experimentados traders intradías que comenzaron con el trading simulado afirman que este paso es lo que los mantuvo en el juego. De hecho, muchos traders intradía que no dieron este paso primero terminaron dejando el negocio porque sintieron que estaban perdiendo demasiado dinero y que no podrían alcanzar el éxito con esta carrera.

2.   *Preparación*

La preparación es esencial para cualquier carrera que tomes en la vida. A veces tu preparación viene en términos de educación, como el trading intradía, convertirte en un médico o un profesor. Otras veces tu preparación viene en forma de experiencia práctica. Cuando te prepares para convertirte en un trader intradía, usarás ambas formas de preparación. Sin embargo, hay otras medidas que tomarás a lo largo de tu carrera. Estas son:

1.   La preparación matutina antes de la apertura del mercado de valores, que se discutirá en profundidad más adelante en este libro.
2.   La investigación que debes recoger antes de hacer un intercambio.

34

3. Una vez que empieces con tu carrera como trader intradía, descubrirás que cuanto antes te levantes, más tiempo tendrás para prepararte para tu día. No sólo podrás tomarte tu tiempo para prepararte y desayunar, sino que también podrás tomarte el tiempo para leer las noticias y ponerte al día con los cambios del mercado de valores. Esto puede ayudarte a ser más exitoso. Además, te sentirás menos apurado por la mañana, lo que te permitirá mantener la cabeza nivelada y no meter tus emociones en tus decisiones.

4. Muchos experimentados traders intradía dicen que a menudo pierden buenas acciones si no se toman el tiempo necesario por la mañana para analizar el mercado de valores, las noticias y elegir las mejores acciones del día. Además de esto, más tiempo te permitirá hablar con tu mentor o recibir consejos de los miembros de tu comunidad en línea. Hay muchos traders con experiencia que quieren ayudar a los traders principiantes y porque se dan cuenta de cómo va el día, estarán en la comunidad en línea a primera hora de la mañana para ofrecer cualquier consejo.

3. *Determinación*

La determinación que tienes para tu trabajo diario va a ser diferente a la determinación que la gente tiene para otras carreras profesionales. Por ejemplo, hay varias carreras en las que podrías trabajar 60 o más horas a la semana. Esto no es algo que quieras hacer como trader intradía. Querrás mantener tu horario entre 40 y 50 horas a la semana. Por supuesto, tendrás las horas que el mercado de valores está abierto y las horas que pases preparándote para tu día o analizando tu día después de que el mercado cierre.

Los traders intradía trabajan duro. No se limitan a mirar las pantallas de sus computadoras esperando la próxima gran ganancia. Están constantemente pensando críticamente sobre sus próximos pasos y haciendo una serie de preguntas a lo largo del día. Algunas de estas preguntas incluyen:

- ¿Se mueven estas acciones rápida o lentamente?
- ¿Qué tipo de patrón muestra esta acción?
- ¿Cuál es la mejor estrategia para esta acción?
- ¿Esta acción me va a dar una buena ganancia?
- ¿Cuál es el nivel de riesgo de esta acción?
- ¿Está el vendedor o el comprador en control del precio?
- ¿Esta acción es más débil o más fuerte que el mercado?

Estas preguntas las hacen los traders intradía antes de tomar cualquier tipo de decisión sobre si darán el siguiente paso hacia las acciones.

Con el fin de ayudarte a ti mismo a permanecer determinado a trabajar duro y hacer lo mejor como un día de trading, es importante que te asegures de que esta es la carrera que absolutamente quieres. Por supuesto, siempre puedes alejarte del negocio si descubres que no es lo que pensabas que sería, sin embargo, podrías perder miles de dólares haciendo esto. Por lo tanto, es mejor saber que esta es la dirección correcta para ti antes de que recojas tus primeras acciones.

Otra forma de ayudarte a mantenerte determinado es asegurarte de que estás educado, tienes una base y un sistema de apoyo. Estos factores, que he discutido antes, te ayudarán cuando se trate de tu estabilidad mental como trader intradía. Es muy importante asegurarte de que eres feliz en tu carrera y que no sientes más estrés del necesario. Si pierdes tu estabilidad mental saludable por tu trabajo, comenzarás a descubrir que estás tomando decisiones basadas en tus emociones, lo que puede hacer que no sólo pierdas interés en tu trabajo, sino que comiences a cometer errores evitables que te cuestan dinero.

Asegurarte de que tienes una rutina diaria te ayudará a mantenerte decidido a ser el mejor trader intradía que puedas ser. Una rutina no sólo te ayudará a llevar un registro de todos tus informes, tu diario y todo lo demás, sino que también te ayudará a ser capaz de mantener una actitud mental saludable hacia tu carrera. Asegúrate de contactar a tu mentor o sistema de apoyo en la mañana y durante el día si es necesario. Y, si te encuentras en la necesidad de un descanso mental, entonces apaga tu computadora y toma unas mini vacaciones. Todo el mundo necesita unas vacaciones de sus carreras de vez en cuando. Sin embargo, no querrás hacer un hábito regular de esto.

Tampoco querrás crear el hábito de sentirte demasiado cómodo y decidir que, como trabajas desde casa, puedes ver una película a mitad del día. Aunque está bien si realmente necesitas un descanso mental, deberías hacerlo en raras ocasiones. Es fácil que la gente se distraiga en sus casas ya que tienen música, televisión, sistemas de juegos, y mucho más a mano listo para robar tu atención. Pero, para mantener la determinación de trabajar duro y hacer lo mejor posible, necesitas mantener tu horario de trabajo. Tienes que establecer un área en tu casa donde estés lejos de cualquier distracción y puedas concentrarte en tu trabajo. Si en el peor de los casos, te empiezas a dar cuenta de que no puedes trabajar desde casa, quizá quieras considerar la posibilidad de alquilar una oficina cerca de tu casa o en un edificio de oficinas. Por supuesto, esto costará dinero, que tendrás que incluir en tus facturas.

4.   *Paciencia*

La paciencia es una parte importante del trading intradía. Necesitarás tener paciencia para la carrera desde el momento en que decidas que querrás participar en este viaje hasta el día en que te retires o renuncies.

Es importante tener en cuenta que no te volverás rentable de la noche a la mañana. Puede que pasen meses antes de que empieces a ver dinero rodando a un ritmo cómodo. Además, si quieres tener tanto éxito como para retirarte antes de tiempo, esto puede llevar años. Muchos traders que han descubierto que pueden retirarse y vivir cómodamente han estado en la carrera durante 20 o 30 años antes de hacerlo.

También debes recordar que casi todos los traders intradía, incluyendo los experimentados que llegaron a ser exitosos, quisieron dejar el trabajo dentro de los primeros meses. De hecho, para muchas personas, esto era casi un pensamiento diario en su mente. Se preguntaban a ti mismos si habían tomado la decisión correcta o si podían llegar a ser rentables como traders. No será diferente. Estos pensamientos son parte de la mente del trader intradía por lo menos durante los primeros meses. Este es también un momento en el deberás centrarte en tu paciencia. Vas a querer tener paciencia para asegurarte de que no dejarás el trabajo por unas pocas dificultades, docenas de malas operaciones, o el proceso de adaptación durante los primeros meses.

También necesitarás la paciencia para vigilar las acciones. No querrás simplemente subir y tomar una acción sin hacer tu investigación y observar un patrón. A veces, esto significa que pasas un par de horas prestando atención a las acciones. Como trader intradía, debes asegurarte de que esperas las acciones correctas y el momento adecuado para hacer un movimiento. Esto requiere mucha paciencia y tiempo.

5. *Autodisciplina*

No sólo hay mucha educación y adquisición de habilidades para aprender a ser un exitoso trader intradía, sino también autodisciplina. Por ejemplo, se necesita autodisciplina para asegurarte de que se sigues el horario diario, de que no juegas con los videojuegos o ves la televisión cuando debes trabajar, o incluso simplemente para tener paciencia. Si bien las técnicas que utilizarás como trader intradía y la educación que recibirás son fáciles de comprender, todavía hay áreas difíciles del trading intradía y una de ellas es el autocontrol.

Antes de que empieces realmente en tu carrera de trader intradía, querrás asegurarte de que tienes la autodisciplina necesaria para completar las tareas que tendrás que realizar. Esto es algo en lo que debes empezar a trabajar inmediatamente y continuar trabajando a lo largo de tu carrera. Aunque siempre será algo que trabajes para mejorar, descubrirás que cuanto más autocontrol tengas, más fácil será tu trabajo.

Todo el mundo lucha con la autodisciplina de vez en cuando. Incluso los traders experimentados han discutido cómo lucharon con el autocontrol y tuvieron que trabajar en varias técnicas para ayudar a construir su autodisciplina. A continuación hay algunas técnicas que pueden ayudarte a construir tu autodisciplina:

1. Elimina cualquier tentación en tu área. Esto incluye cualquier tecnología u otras distracciones que puedan hacer que pierdas el interés en tu trabajo y te concentres en algo que no deberías durante tu día de trabajo. Por ejemplo, si te encuentras revisando tu teléfono celular a menudo y está disminuyendo tu productividad en el trabajo, puedes poner tu teléfono en silencio o apagarlo y ponerlo fuera de tu vista. Cuando se trata de eliminar las tentaciones, la frase "fuera de la vista, fuera de la mente" realmente suena verdadera.

2. Cree en ti mismo, ya que esto te ayudará a cambiar tu fuerza de voluntad. Muchas veces la gente tiende a carecer de autodisciplina porque no creen que puedan cumplir una tarea determinada. Debido a esto, están menos dispuestos a hacer el esfuerzo necesario para asegurarse de que la tarea se complete. Sin embargo, una vez que empieces a cambiar tu percepción de lo bien que te va en tu carrera, te darás cuenta de que estás más decidido a tener éxito. Esto puede ayudar a aumentar tu autocontrol porque querrás hacerlo mejor y, por lo tanto, estarás más dispuesto a concentrarte en las tareas que necesitas.

3. La creación de nuevos hábitos sencillos puede ayudarte a aumentar tu autodisciplina. A veces las personas carecen de control porque sienten que establecer este nuevo hábito puede ser intimidante. Esto hace que las personas sientan que no tendrán éxito en la tarea, lo que les hace retroceder del buen hábito que están tratando de formar. Para dejar atrás la sensación de que un nuevo hábito se vuelve intimidante, es más fácil romper el hábito en una serie de pequeños pasos fácilmente digeribles que pueden ser realizados uno por uno.

4. Querrás asegurarte de construir tu autodisciplina diariamente. Al igual que cualquier otro comportamiento, la autodisciplina se aprende. Por lo tanto, es algo en lo que querrás trabajar regularmente, especialmente si estás tratando de mejorarla. Si continúas trabajando en la construcción de tu fuerza de voluntad diariamente, pronto se volverá más automática y permanecerá como parte de tu mentalidad a lo largo del día.

5. Crea un plan de respaldo pueda ayudar a aumentar tu autodisciplina. Por ejemplo, si te encuentras con dificultades para levantarte temprano en la mañana y así tener suficiente tiempo para hacer tus investigaciones y ver las noticias antes de tu día de trabajo, puedes enfocarte en un plan de respaldo la noche anterior. Podrías decidir que en lugar de tener el despertador junto a la cama, lo pones al otro lado de la habitación. Por lo tanto, tienes que levantarte para apagar el despertador.

6. Otro consejo para ayudarte a construir tu autocontrol es asegurarte de que te perdonas por cualquier error y luego sigues adelante. Esto significa que si tu plan de respaldo falla, no te obsesiones con el hecho de que no seguiste adelante con él. En cambio, te dices a ti mismo que lo harás mejor la próxima vez y sigues adelante. Esto también es importante cuando se trata de hacer malos negocios. Como trader intradía, tienes que darte cuenta de que las malas transacciones ocurren. Debes tomar nota de los errores y aprender de ellos, pero no te detengas en el hecho de que perdiste dinero. Tienes que aprender de tus errores y seguir adelante con el conocimiento añadido para ayudarte en el futuro.

6. *Mentores y una comunidad de traders*

Unirse a un foro o comunidad en línea es una gran manera de ayudar a manejar el riesgo. No sólo puedes obtener información de otros traders intradía, sino que podrás formar parte de una comunidad que comparte tus mismos intereses. En cierto modo, puedes mirar a la gente que llegas a conocer como tus compañeros de trabajo. A pesar de que el trading intradía es un mercado competitivo, los traders no quieren ver a nadie perder dinero. Quieren que la gente tenga éxito. Por lo tanto, la mayoría están listos y dispuestos a ayudar a un principiante.

Hay una variedad de comunidades en línea de las que puedes elegir. Aunque no las enumeraré todas aquí, a continuación hay algunas de las más populares.

a. El foro de Baby Pips

Este foro es el mejor para la gente que es nueva en la carrera comercial. Hay áreas en las que puedes publicar cualquier pregunta que puedas tener y tal vez encontrar un mentor que te ayude a lo largo de tu carrera. Hay mucha información sobre el trading que puedes aprender en este foro.

2. Investors Underground

Nathan Michaud es el creador del sitio Investors Underground, que está considerado como una de las mejores salas de chat de inversiones para 2019. Desde 2008, esta sala de chat tiene más de 100.000 miembros, la mayoría de los cuales son traders con más experiencia. Como la mayoría de los traders profesionales, están dispuestos a hacer todo lo posible para ayudar a los principiantes a tener éxito.

3. Sala de chat de Timothy Sykes

Uno de los más conocidos traders intradía de 2019 es Timothy Sykes. Dirige un gran sitio web con docenas de artículos útiles para un trader intradía en cualquier momento de su carrera. Además, el sitio web también tiene un foro donde la gente puede discutir cualquier pregunta que tenga, buscar consejo o recibir otra información útil. Este sitio es genial para los nuevos traders y está dirigido por traders experimentados.

7.   *Mantenimiento de registros*

Otra sección de este libro tratará con más detalle el mantenimiento de registros como trader intradía. Sin embargo, este es también uno de los consejos más esenciales que tendrás que seguir a lo largo de tu carrera. No sólo es importante llevar un registro de todos los registros y correspondencia de tu corredor, sino que también debes comenzar a llevar un diario de trading. Aunque discutiré sobre esto más tarde, me tomaré este tiempo para tocar algunas de las cosas que debes seguir en tu diario.

- A qué hora del día completaste todas tus operaciones.

- Cómo fue tu bienestar físico y mental ese día. Por ejemplo, ¿dormiste lo suficiente, cómo te sentiste, estuviste distraído durante el día, etc.?
- Qué estrategias usaste durante ese día.
- ¿Qué riesgos y recompensas encontraste en tu operación?
- ¿Cómo te enteraste de la operación?
- ¿Cómo gestionaste tu operación?
- ¿Cuál fue el tamaño de tu operación?
- ¿Cómo fue el cierre de tu día?

Por supuesto, puedes escribir cualquier otra cosa que creas que es importante anotar en tu diario para que puedas mirarlo en el futuro.

Consejos adicionales para principiantes

Asegúrate de tener un presupuesto

Antes de que empieces a llegar demasiado lejos en tu carrera comercial, una de las primeras cosas que querrás hacer es sentarte y elaborar tu presupuesto. He discutido los tipos de cuentas que tendrás como trader intradía y son importantes para escribir en tu presupuesto. Sin embargo, también tienes que asegurarte de que conoces tu presupuesto inicial para el trading. Debes asegurarte de que tienes suficientes fondos para comenzar tu carrera como operador. Tendrás que tener en cuenta la cantidad mínima de 25.000 dólares, pero si no puedes conseguirlo, no significa que no puedas empezar tu carrera de operador. Sólo tendrás que encontrar un corredor que trabaje con un operador que no tenga la cantidad mínima de 25.000 dólares para una cuenta.

También querrás asegurarte de que te mantienes dentro de tu presupuesto. El hecho de que empieces y sientas que puedes hacer todas tus cuentas y seguir acumulando el monto en tu cuenta de trading, no significa que puedas dejar de prestar atención a tu presupuesto. Querrás sentarte y cuidar tu presupuesto todos los meses.

No tienes que comerciar todos los días

Aunque es importante mantenerte al día con tu horario y los traders intradía a menudo sienten que deben trabajar de lunes a viernes, no es necesario. Esto es algo que puedes sentir que necesitas hacer para poder vivir cómodamente en tu nueva carrera, sin embargo también necesitas asegurarte de que puedes manejar mentalmente tu carga de trabajo. Si tienes un día realmente exitoso, deberías ver si puedes tomarte el día siguiente libre y darte un descanso si lo necesitas. Debes recordar cuidar tu salud mental, así como tu salud física y emocional, porque necesitas tener la actitud correcta si quieres convertirte en un exitoso trader intradía.

Para algunas personas, esto implica tratar de encontrar un buen equilibrio entre el trabajo y la vida. Esto implica tratar de conectar tanto tu vida profesional como tu vida hogareña sobre la búsqueda de un equilibrio para que puedas manejar con éxito ambas partes de la vida.

No te arrepientas de ningún día que decidas descansar. Incluso si al día siguiente te das cuenta de que el mercado tuvo un gran día, no significa que hayas ganado una cantidad significativa de dinero o que te lo hayas perdido. Desafortunadamente, hay grandes acciones que los traders intradía se pierden a diario. Es todo parte del trabajo y uno en el que tienes que aprender a seguir adelante, si está en el pasado, ya no importa.

Tienes que ser flexible

Algunos traders principiantes sienten que tienen que seguir cada regla exactamente como se indica y no hay espacio para la flexibilidad. Esto no es cierto. De hecho, empezarás a encontrar que te vuelves más flexible cuanto más aprendes y más negocias. Esto no significa que nunca debas ignorar completamente ninguna regla, ya sea que la hayas aprendido de tus mentores, de otros traders intradía o simplemente a través de tu propia investigación. Seguirás queriendo mantener las reglas en tu mente, pero también querrás asegurarte de que te parece bien ser flexible con estas reglas. Siempre hay espacio para la flexibilidad.

Cuando alcanzas un nivel saludable de flexibilidad con tu carrera de trader intradía, te das cuenta de que no todo está bajo tu control. La flexibilidad te ayudará a darte cuenta de lo que puedes controlar y lo que no. Te ayudará a darte cuenta de que cuando no puedes controlar lo que está en tu entorno, te enfocas en los factores que puedes controlar y aceptas el resto.

Puedes acceder a diferentes dispositivos

Aunque a menudo hablo de cómo necesitas usar tu computadora cuando estás trabajando, puedes usar otros dispositivos para mantenerte al día con las tendencias del mercado. Esto puede ayudarte a mantenerte en movimiento mientras te dedicas a tu día. Por ejemplo, puedes configurar tu cuenta en tu tableta o en tu teléfono. Si bien es posible que no te sientas cómodo trabajando directamente desde estos dispositivos durante un período de tiempo prolongado, te permitirán comprobar algunas cosas o completar ciertas tareas. Sin embargo, es importante que vigiles cuánto lo haces, especialmente si quieres mantener tu trabajo y tu vida personal separados tanto como sea posible. Si adquieres el hábito de trabajar con el teléfono o la tableta mientras estás fuera con tu familia, empezarás a perder el equilibrio, lo que puede causar problemas tanto en la vida laboral como en la personal.

Capítulo 6: Tener la mentalidad correcta

La positividad es el foco de atención en la mentalidad correcta cuando se trata de la negociación del día. Aunque es normal sentirse un poco ansioso cuando se empieza a operar, especialmente cuando se hace la primera transacción, no es bueno que esto afecte a la mentalidad. Si no tienes una actitud positiva sobre tu carrera en el mundo del trading intradía, entonces tienes menos probabilidades de tener éxito. En otras palabras, querrás tener lo que muchos traders intradía llaman una mentalidad ganadora.

Características clave de una mentalidad ganadora

Hay muchas características clave que deberías tener que te ayudarán a desarrollar una mentalidad ganadora.

Date cuenta de que a veces perderás

Muchos principiantes tienen la idea de que si aprenden todo lo que puedan sobre el mercado, podrán ganar cada uno de los negocios que emprendan. Sin embargo, esta no es una característica de tener una mentalidad ganadora. Por el contrario, es una característica que puede hacer que te decepciones al convertirte en un trader intradía y hacerte creer que esta carrera no es para ti debido a la falta de experiencia en el éxito. Puede hacerte sentir como un fracaso, lo que te dará la mentalidad opuesta que necesitas para convertirte en un exitoso operador.

Se tu propio tipo de trader

Es fácil seguir los caminos de otro trader, especialmente cuando te aconsejan. Sin embargo, esto no te permitirá convertirte en el trader más exitoso que puedas ser. Incluso mientras escuchas todos los consejos y la ayuda que recibirás de otros traders en tus comunidades o cursos en línea, debes recordar que debes encontrar tu propio sistema. Tienes que elegir una técnica que funcione para ti. Tienes que ser capaz de entender la estrategia y tienes que elegir los oficios en los que querrás participar.

Para entrar en la mentalidad correcta como trader, tienes que hacer siempre tu propia investigación, asegurarte siempre de que entiendes todo en tu negocio, y tomar siempre tus propias decisiones. Aunque puedes recibir asesoramiento, nadie debería hacer estas cosas por ti, ya que entonces no estarás alcanzando todo tu potencial.

Siempre ten confianza en tus habilidades

Incluso cuando empiezas como trader intradía, lo mejor es tener confianza en tus habilidades. La confianza te ayudará a cosechar varios beneficios de tu mentalidad que te ayudarán a tomar decisiones y a avanzar más allá de cualquier error que cometas a lo largo de tu jornada de trading. Otro beneficio de la confianza es que puede ayudarte a salir de cualquier mala operación.

Mucha gente cree que la clave del éxito es tener confianza en sus habilidades. Esto se debe a los beneficios que las personas sienten cuando tienen confianza en sus carreras. Algunos de estos beneficios son:

1. Aumenta tu felicidad

Sobre todo, te sentirás más feliz, no sólo en tu trabajo sino en tu vida en general. Cuando te sientas feliz con tu vida, te sentirás mejor con las tareas que tienes que cumplir. Tendrás más energía, te sentirás más determinado y tendrás la creencia de que puedes enfrentarte al mundo si trabajas lo suficientemente duro. Al mismo tiempo, podrás ayudar a impulsar la felicidad de las personas que te rodean, lo que incluye a cualquier miembro de tu familia o a las personas con las que conversas en tus foros en línea.

2. Aumenta tu salud

No sólo te sentirás más saludable porque te sientes mejor contigo mismo, sino que tu salud mental también se verá afectada. Cuando te sientes positivamente acerca de ti mismo, no te perjudican fácilmente los desafíos que enfrentas en la vida. Puedes salir de ellos más fácilmente. Además, tienes confianza en ser tú mismo, lo que te permitirá encontrar al trader que llevas dentro en lugar de seguir los pasos exactos de tu mentor o de otro trader experimentado.

3. Aumento del rendimiento en el trabajo

Al sentirte más positivo sobre ti mismo, podrás completar tus tareas diarias de manera oportuna. Sentirás que puedes superar cualquier obstáculo, y sabes que darás el mejor rendimiento posible porque tienes confianza en tus habilidades. Cuando tengas una confianza en ti mismo estable, tendrás más éxito porque tu rendimiento laboral general va a aumentar.

4. No dejarás que el estrés te afecte

Las personas suelen empezar a sentirse estresadas por diversas razones a lo largo de su vida. Esto puede suceder a menudo en el trabajo, especialmente como trader intradía, ya que el trading es un negocio de muy alta presión. Hay muchos detalles que hay que revisar constantemente, lo que puede causar mucho estrés a la gente. Sin embargo, cuanto más seguro estés de ti mismo, menos estrés sentirás, porque sabes que si das lo mejor de ti, podrás cumplir la tarea.

Eres consistente

La consistencia también es parte de tu mentalidad ganadora como trader intradía. La consistencia no sólo te ayudará a mejorarte a ti mismo, especialmente cuando estás empezando y eres más capaz de cometer errores, sino que también te ayudará a entender quién eres como trader. Empezarás a aprender lo que es más probable que suceda cuando te mantengas consistente en tu día de trabajo desde tu horario hasta la estrategia que utilizas. De hecho, cuanto más consistente seas en tu trabajo, más éxito tendrás.

Tienes autodisciplina

Es importante señalar que tener autodisciplina es una característica clave de la mentalidad ganadora de un trader intradía. Esto se debe a que con el autocontrol, los operadores son capaces de centrarse en los aspectos importantes de tu trabajo. No tomarán decisiones precipitadas, no dejarán entrar demasiadas distracciones y comprenderán que hay situaciones que no pueden controlar.

Mantienes tus emociones bajo control

Cualquier trader experimentado te dirá que siempre tienes que mantener tus emociones fuera del negocio. Al mismo tiempo, también te dirán lo difícil que es esto. Hay varias técnicas, desde el autocontrol hasta el aprendizaje de la calma, que te ayudarán a aprender a controlar tus emociones. Cuando permites que tus emociones tomen el control, empezarás a tomar decisiones basadas en esas emociones. Esto hará que tomes decisiones equivocadas que pueden llevarte a la pérdida. Además, cuando te pones a invertir emocionalmente en el mercado, empezarás a perder interés, ya que empieza a ser menos divertido y se parece más a algo que tienes que hacer y que te causa demasiado estrés. Un trader intradía que tiene una mentalidad ganadora podrá mantener sus emociones bajo control la mayor parte del tiempo. Además, será capaz de darse cuenta de cuándo sus emociones están empezando a tomar el control. Cuando esto sucede, es mejor tomar un descanso o dejar de operar por el día.

Desarrollando la mentalidad ganadora

Hay muchos factores que ayudan a desarrollar una mentalidad ganadora. Por supuesto, algunos de ellos serán más fáciles de desarrollar que otros. Habrá algunos que te tomarán meses, sino años, para llegar al punto más alto posible. La clave es recordar que tienes que ir a tu propio ritmo cuando desarrollas tu mentalidad ganadora. Así como no te convertirás en un exitoso trader intradía de la noche a la mañana, no podrás alcanzar tu estable mentalidad ganadora de la noche a la mañana, especialmente si luchas con el autocontrol y la confianza en ti mismo. Sin embargo, esto no significa que no puedas convertirte en un exitoso operador. Sólo tendrás que trabajar en el desarrollo de tu mentalidad ganadora mientras desarrollas tus habilidades como trader intradía.

Asegúrate de cumplir con tu rutina diaria

Ceñirse a la rutina es una parte esencial para desarrollar una mentalidad ganadora. Una razón para esto es que tu rutina diaria te da un sentido de estructura. Cuando sientes que tienes estructura, es menos probable que te sientas estresado. En cambio, te sentirás feliz y empezarás a ganar confianza en tus habilidades. Esto significa que si te falta confianza en ti mismo, el apegarte a tu rutina diaria puede ayudarte a aumentar este factor.

Los traders exitosos te dirán que pasan mucho tiempo asegurándose de que su día de trabajo esté bien estructurado. Por supuesto, muchos se centraron en la estructura por varias razones. Tal vez les ayudó a disminuir el estrés, o tal vez les ayudó a sentir que tendrían más éxito. Además, asegurarte de seguir tu rutina te ayudará a mantener sus hábitos de ayuda.

Se responsable

Como trader intradía, eres tu propio jefe. Mientras que algunas personas manejan esto bien, otras pueden encontrar que luchan por hacerse responsables, lo que puede llevar a la holgazanería en sus responsabilidades comerciales. Por supuesto, esto sólo hará que luches más con tu carrera de trader. Por lo tanto, una de las mejores maneras de ayudarte a desarrollar una mentalidad ganadora como tu propio supervisor es haciéndote responsable de todos los aspectos de tu trabajo. Aquí hay algunas maneras en las que puedes hacerte responsable:

1. Establece metas reales para tu carrera de trader.

Antes de empezar a operar, querrás establecer metas reales que puedas trabajar para lograr como trader intradía. De hecho, si no lo has hecho ya, ahora sería el momento perfecto. Puedes empezar pensando en los grandes objetivos que quieres lograr. Luego puedes crear pasos para cada una de estas grandes metas. De esta manera, puedes trabajar en los pasos uno por uno y no comenzarás a sentirte abrumado por tus propios objetivos.

2. Empieza un diario de trading y escribe en él todos los días.

Discutimos cómo mantener un diario de trading con mayor profundidad en otro capítulo. Asegurarte de escribir en tu diario de trading es otra gran manera de hacerte responsable en tu trabajo.

3. Asegúrate de revisar tu plan de trading a menudo.

Tu plan de trading es una parte importante para comenzar el día de tu negocio. Este es el plan que desarrollarás mientras trabajas en el inicio de tu nueva carrera. De hecho, si no has comenzado a trabajar en tu plan de trading, ahora sería el momento perfecto para comenzar a considerar la creación del mismo.

Si aún no has desarrollado tu plan de trading, aquí tienes algunos pasos que te ayudarán a comenzar:

- Prepárate mentalmente. Esto es algo que querrás asegurarte de hacer todos los días. Si un día te sientes incapaz de manejar el estrés del mercado de valores, entonces probablemente te convenga tomarte un descanso. Querrás anotar en tu plan de trading lo que harás cuando esto ocurra. ¿Decidirás calmar tu mente con la meditación u otros aliviadores de estrés y luego ver si puedes enfrentarte al mundo del trading? ¿Trabajarás en un pasatiempo relajante, para estar mejor preparado para enfrentarte al trading al día siguiente? Lo que creas que debes hacer para prepararte mentalmente para el trading debe estar escrito en tu plan.

- Establece tu nivel de riesgo. Hay al menos un poco de riesgo con cada operación que ejecutarás. Por lo tanto, es esencial que escribas tu nivel de riesgo en tu plan de trading. Tienes que escribir un nivel con el que te sientas cómodo.

Recuerda, siempre puedes aumentar tu nivel de riesgo a medida que comiences a obtener más experiencia en el negocio. También debes asegurarte de mantener este nivel de riesgo, hasta que decidas activamente hacer esos cambios.

• Asegúrate de crear reglas de salida. Te vas a encontrar en malas operaciones más a menudo de lo que probablemente quieras. Si bien esto no significa que seas un mal operador, sí significa que debes tener un plan de salida para cuando te encuentres en esta posición.

• Asegúrate de crear reglas de entrada. Al igual que creas reglas de salida, también debes asegurarte de que creas reglas de entrada que debes seguir. Estas reglas pueden incluir por qué y cuándo comprarías una acción. También pueden incluir varias condiciones que pueden ayudarte a determinar si debes participar en una operación o no.

Asegúrate de mantener un estado mental positivo

No sólo querrás mantener un estado de ánimo positivo mientras estás frente a tu ordenador e informes, sino también durante todo el día en general. De hecho, querrás hacer lo mejor para asegurarte de que mantienes este estado de ánimo tanto si estás trabajando como si no. Cuanto más mantengas este estado de ánimo, más fácil será mantenerlo cuando empieces a sentirte estresado o te encuentres en un mal momento.

Además de mantener la confianza en ti mismo y el autocontrol, también querrás asegurarte de que piensas de forma contraria a la intuición. El aspecto principal de este tipo de pensamiento es que no sigues el proceso de pensamiento de otros traders. Esta es otra forma de que te conviertas en tu propio operador y no en alguien que sólo sigue ciegamente a la manada. Un ejemplo de esto es cuando los traders creen que ven una ruptura a punto de ocurrir en una de sus acciones, por lo que rápidamente hacen el siguiente movimiento para vender. Sin embargo, la mayoría de las veces, esto termina siendo una ruptura falsa.

Cuando piensas en contra de la intuición, no vendes porque sientes que esta ruptura no es verdadera.

Esto no significa que pasarás tus días consiguiendo la ruptura correcta si empiezas a pensar en contra de la intuición. En realidad, sólo significa que no importa lo que se ponga en tu pantalla y con lo que tengas que lidiar, no necesariamente vas a seguir lo que la mayoría de los otros traders hacen en ese momento, vas a pensar por ti mismo y decidir cuándo es el mejor momento para negociar. Pensar de esta manera no siempre disminuirá tus posibilidades de perder, pero podría ayudar.

Necesitas creer realmente en ti mismo

Para muchos traders, creer verdaderamente en sí mismos es una de las partes más difíciles de desarrollar la mentalidad ganadora. Sin embargo, es esencial si quieres alcanzar esta actitud. Esto significa que no sólo tienes que creer en tus habilidades, sino que también tienes que creer en tus fortalezas, tu autocontrol, tu confianza en ti mismo y en tu éxito. Muchas personas, especialmente si luchan con alguna de estas características, van a luchar para creer en sí mismos. Sin embargo, es esencial, y mientras sigas trabajando para creer, alcanzarás este estado mental.

Si luchas por creer en ti mismo, primero debes darte cuenta de un hecho: no estás solo. Hay muchas personas a las que les resulta difícil creer en sus habilidades. También hay muchas personas que se toman un tiempo de su día para ayudar a construir su sistema de creencias. Si sabes que tienes que empezar a construir tu sistema de creencias, para poder llegar a esta característica, hay varios libros disponibles para ayudarte. Sin embargo, para darte una ventaja y que puedas ponerte en camino para alcanzar la mentalidad ganadora, aquí hay algunas técnicas para ayudarte a construir y crear una estructura para tu sistema de creencias.

1. Deshazte de las palabras "imposible", "no puedo" y "nunca". Nuestro estado mental se ve fuertemente afectado por las palabras que nos decimos a nosotros mismos. Por ejemplo, si estás investigando

sobre el trading intradía y empiezas a dudar de ti mismo, podrías decir, "Nunca podré tener éxito en esto". Esta frase puede afectar a tu mentalidad más de lo que te imaginas. Cuando sientas que empiezas a usar estas palabras, céntrate en cambiar los términos y frases negativas por positivas. Por ejemplo, podrías cambiar la frase anterior por "Tendré éxito en el trading intradía".

2. Rodéate de gente positiva y de ideas afines. Esta es una de las razones por las que es importante convertirse en miembro de una comunidad de trading en línea, son personas con ideas afines que comparten los mismos intereses. Además, muchas de las personas en los foros en línea han pasado por los mismos procesos que tú, incluyendo el desarrollo de una mentalidad ganadora. Cuando te rodeas de personas que creen en sí mismas, te darán la capacidad de *creer en ti mismo*.

3. Habla con personas que han logrado entrar y mantener la mentalidad ganadora. Siempre ayuda cuando conoces a alguien que ha seguido el mismo camino que tú estás recorriendo. Cuando te unes a una comunidad de trading en línea y estás luchando con tu mentalidad, deja que otros traders en el foro sepan esto. Habrá varios que se presentarán para ayudarte a alcanzar tus objetivos.

Capítulo 7: Estrategias y técnicas de trading

Cuando se trata de operar, hay más estrategias disponibles de las que puedo poner en un libro. Parte de la razón de esto es porque muchas estrategias pueden ser usadas para diferentes tipos de trading e inversión. Otra razón es que los traders parecen estar ideando nuevas formas todo el tiempo. Sin embargo, he elegido algunas de las estrategias más populares que son utilizadas por los traders intradía para resumirlas aquí.

Patrón ABCD

Esta es una estrategia que utiliza un patrón específico para ayudarte a encontrar el momento exacto en que debes vender tus acciones. Este patrón tiene cuatro partes:

- A - el precio inicial alto de las acciones.
- B - el precio más bajo de las acciones, que ocurre cuando la gente empieza a vender una vez que ven que las acciones han llegado a A.
- C - el establecimiento de la baja más alta. Este es el punto en el que la gente que sigue el patrón ABCD comenzará el proceso de venta de sus acciones.
- D - el punto de mayor rentabilidad. Este es el punto en el que las acciones suben, lo que le da al trader intradía una gran ganancia.

Esta estrategia es conocida no sólo por ser un poco difícil, sino también arriesgada. Esto se debe a que el trader tiene que vender en el punto especificado como C, que es cuando la acción comienza a subir de precio después de llegar al punto B. Por supuesto, el mayor riesgo es que la acción caiga por debajo del punto B después de que el trader venda en el punto C. Esto significaría que el trader recibe una mayor pérdida que cualquiera que vendiera justo después del punto A. Sin embargo, la esperanza es que el precio de la acción suba más allá del punto A, lo que le da al trader un gran beneficio.

El patrón ABCD que expliqué anteriormente es sólo uno de los patrones que verás como trader. Algunos patrones muestran que el punto A es el precio más bajo y el punto B es el precio más alto de las acciones. Sin embargo, el trader todavía debe vender en el punto C y esperar llegar al punto D para obtener el mejor beneficio.

Impulso de la bandera alcista

Esta estrategia recibió su nombre de bandera alcista porque las líneas de tendencia se asemejan a un asta de bandera. Después de que la acción alcanza un precio alto, tiene una tendencia a la baja a corto plazo. Sin embargo, se eleva rápidamente antes de volver a bajar en otro momento. Esta tendencia se repite una vez más y deja un patrón en el que los precios altos y los precios bajos son paralelos entre sí. Sin embargo, el patrón termina cuando el precio vuelve a subir, superando el precio más alto anterior. Es entonces cuando los traders comienzan a vender con la esperanza de obtener el mejor beneficio.

El truco de la estrategia de la bandera alcista es buscar el patrón en el que los precios altos y bajos son paralelos entre sí, pero se mueven lentamente hacia arriba o hacia abajo en el gráfico. Ambas direcciones señalan que las acciones pueden subir rápidamente de precio y superar su precio alto anterior.

Precio medio ponderado por volumen

El VWAP (por sus siglas en inglés) toma el precio y el volumen de una acción para darle un precio promedio. Se conoce como un punto de referencia de trading, y le dará a los traders una idea de la tendencia y la seguridad de la acción. Como la mayoría de las estrategias de trading, el VWAP puede ser usado con un software específico que realizará los algoritmos para cada paso. Sin embargo, es posible calcular el VWAP por ti mismo.

Este tipo de estrategia puede ser utilizada por varios inversores y traders. Por ejemplo, tanto los traders intradía como los inversores de compra y venta pueden utilizar la técnica del VWAP. Sin embargo, es más popular en las trading a corto plazo. Esta estrategia comienza de nuevo al principio del día y te dará un total actualizado al final del día. Esta es una de las razones por las que los inversores de compra y retención utilizan esta estrategia, ya que les permite analizar las acciones.

Red de Comunicaciones Electrónicas y Nivel II

Comúnmente conocido como ECN (por sus siglas en inglés). Este tipo de estrategia implica observar las trading en tiempo real. Es similar a ir a una carrera de caballos y ver la carrera para ver si vas a ganar o perder tu dinero. El ECN es un sistema automatizado donde los traders de todo el mundo pueden operar contigo. Los traders intradía que se encargan del negocio por cuenta propia, sin la ayuda de un corredor, suelen utilizar la estrategia ECN porque es bastante fácil de navegar y se sabe que elimina cualquier intermediario. Esto es un beneficio, ya que elimina cualquier comisión de corretaje y puede hacer que las operaciones sean más rentables porque se sabe que ahorra tiempo. Además, la ECN permite operar después del mercado, lo que significa que puedes operar después de las horas normales del día.

Hay varios gráficos disponibles que te permitirán ver los cambios de precio de las acciones a lo largo del día. Todos los gráficos te permitirán comparar el precio de apertura con el precio de cierre. Además, también te permitirán ver los diversos cambios de precio de las acciones durante el día.

1. Gráficos de velas

La mayoría de los traders de día usan gráficos de velas ya que los encuentran esenciales para el negocio. Estos gráficos son útiles porque muestran diariamente los precios de seguridad específicos. Una vez que aprendas a analizar los gráficos de velas, podrás saber cuándo serán los precios más altos y más bajos de cualquiera de tus acciones, lo que te ayudará a aumentar tus ganancias. Además, podrás aprender dónde se encuentran las acciones tanto en la apertura como en el cierre de ese día. Si es de color rojo o negro, entonces el precio de cierre de la acción es menor que el precio de apertura. Si la vela es de color verde o blanco, entonces sabrás que el precio de cierre es mayor que el de apertura. También puedes analizar más acerca de la acción a través de la sombra de la vela. La sombra te dirá cuáles fueron los precios a lo largo del día de la acción. Luego puedes tomar este análisis y compararlo con los precios de apertura y cierre.

2. Gráficos de líneas

Los gráficos de líneas son otro tipo de gráfico popular que los traders intradía utilizan a menudo. Aunque estos gráficos te dan la misma información que los gráficos de velas, sólo funcionarán si tienes el software de gráficos especificado. Sin embargo, esto se está volviendo más típico con cualquier tipo de gráfico que desees utilizar. Esto se debe a que el software de gráficos que se encuentra en el mercado hoy en día te permitirá desarrollar aquellos que deseas utilizar e incluir toda la información que necesitas para analizar las acciones diariamente.

3. Gráficos de barras

A muchos traders intradía les gusta usar gráficos de barras porque son unos de los más fáciles de leer. Hay cuatro precios principales que encontrarás si usas gráficos de barras. El primero es el precio de apertura. El segundo es el precio más alto y el tercero es el precio más bajo del día. El precio final que verás a través del gráfico es el precio de cierre. A través de estos cuatro precios, puedes empezar a analizar cuál es el proceso del día a día para cualquier acción que te interese.

Spread trading

El spread trading, también conocido como "scalping", se define como el trading de valores en un período de segundos a minutos. La razón por la que este tipo de técnica se ha hecho popular es porque los traders creen que pueden capturar las poblaciones más fácilmente cuando siguen pequeños crecimientos en grandes incrementos. El número de transacciones que realizan los traders en un día puede variar de una docena a más de 200 en un día. Hacen tantas transacciones porque venderán las existencias tan pronto como les den un beneficio.

Se sabe que este tipo de técnica es relativamente segura, lo que es otra razón por la que tantos traders se consideran a sí mismos como spread traders. Aquellos que siguen esta técnica se les suele considerar creadores de mercado, ya que ayudan a mantener la liquidez del mercado.

Si estás pensando en estudiar más a fondo esta estrategia, entonces querrás tener en cuenta los tres puntos siguientes:

Las bajas ganancias provienen de un gran volumen

Los operadores que utilizan la técnica de spread trading afirman que esta estrategia no es útil para las personas que quieren mover grandes volúmenes de acciones de una sola vez. No podrán ganar el dinero que quieren usando esta estrategia ya que los grandes volúmenes dan bajos beneficios. Esto sucede porque el margen de beneficio, que es la medida de la rentabilidad, descuida al inversor de gran volumen. Por lo tanto, el mejor tipo de traders para esta estrategia son los que están interesados en mover pequeños volúmenes.

Tendrás un menor riesgo si reduces tu exposición

Los traders que adoptan la técnica del scalping limitarán su riesgo de pérdida porque no se aferran a sus acciones durante un largo período de tiempo. De hecho, la mayoría mantendrá la mayor parte de sus acciones durante sólo unos minutos, muy raramente llegando a una hora.

Los movimientos más pequeños son más fáciles

Ya he declarado que querrás mover pequeños volúmenes para obtener los mejores beneficios como spread trader. Las personas que siguen esta técnica se convierten en profesionales en encontrar los pequeños movimientos con los pequeños spreads que tienden a suceder con frecuencia durante el día. La razón por la que los operadores se centran en los pequeños movimientos no es sólo porque son más fáciles de manejar usando esta técnica, sino también porque es aquí donde encontrarán sus mejores beneficios.

Seguir la tendencia

Los traders se refieren a seguir las tendencias como acciones comerciales debido a sus tendencias sobre su valor de mercado. Este tipo de técnica no sólo se utiliza en el trading intradía, sino en todo tipo de transacciones bursátiles. El tiempo que seguirás la tendencia antes de decidir tomar una acción debido a su tendencia depende de qué tipo de trading que estás haciendo. En el trading intradía, no pasarás más de un par de horas en la tendencia. Sin embargo, si te gusta el swing trading, puedes analizar la tendencia durante unos días o un par de semanas.

A muchos operadores les gusta participar en esta técnica porque sienten que saben lo que las acciones van a hacer. Debido a que has observado el desarrollo de una tendencia y luego has analizado la tendencia para asegurarte de que se trata de una compra que te gustaría hacer, tu confianza acerca de lo que las acciones harán en el futuro aumenta. Además de esto, muchos operadores sienten que tienen más probabilidades de tener éxito en la obtención de beneficios porque pueden estar atentos a las acciones que darán capital en lugar de pérdidas.

Al mismo tiempo, siempre debes prestar atención a todos los factores que afectan a la tendencia de una acción. Los factores que debes considerar si decides utilizar la tendencia siguiente son:

Administración del dinero

La gestión del dinero es una consideración, ya que si tienes demasiado dinero, entonces corres el riesgo de perder más del que deberías. Sin embargo, si no tienes suficiente dinero, es poco probable que coseches los beneficios de ese trading. Cuando se considera la gestión del dinero, se presta mucha atención a tu riesgo, lo que te permitirá saber cuánto dinero debes poner en esa acción.

Precio

El factor más importante al que querrás prestar atención es el precio de las acciones. Mientras que los traders intradía prestan atención a las variaciones de precio de las acciones, el precio más importante que hay que mirar es el precio real de las acciones en el momento. Es el que te dirá si debes invertir en la acción o mantenerla.

Diversidad

Diversidad es una palabra que a menudo se ve en el mercado de valores. Se refiere a los diferentes tipos de acciones que tienes en tu cartera. También es un término que algunos traders seguirán, mientras que otros sienten que es una pérdida de tiempo. Aunque es controvertido, hay muchos beneficios de la diversidad, especialmente para los traders e inversores serios. Además, cuando se utiliza la diversidad, se pueden seguir mejor las tendencias, ya que es un importante factor de seguimiento de las mismas.

Riesgo

Otro factor a considerar es la cantidad de riesgo que conlleva la tendencia. Aunque nunca puedes deshacerte de todo el riesgo en el trading, querrás limitarlo lo más posible. Si encuentras que estás viendo una tendencia que es de alto riesgo, tal vez quieras elegir una acción diferente, especialmente como trader intradía. Sin embargo, hay traders a los que les gustan las acciones de mayor riesgo. Cuánto riesgo estás dispuesto a asumir en una acción es una preferencia personal. Sin embargo, la mayoría de los traders intradías experimentados dicen que si realmente quieres tener éxito, limitarás tu riesgo tanto como sea posible.

Reglas

Finalmente, siempre deberías seguir las reglas. No sólo las del trading intradía, sino que también querrás seguir las reglas que has creado para ti mismo. Una razón para esto es que te ayuda a mantenerte consistente en tus operaciones, lo que ayudará a aumentar tu tasa de éxito. Otra razón es porque tus reglas te ayudarán a ser sistemático cuando elijas tus acciones.

Noticias en juego

Esta es una técnica que los traders intradía usan cuando siguen las noticias del mercado de valores. Cuando la mayoría de la gente piensa en el mercado de valores, se imaginan a una persona leyendo el periódico para ver cómo va el precio de las acciones ese día. Esto es similar al punto a tratar, sin embargo, la mayoría de los traders intradía prestan atención a varias fuentes de información. Puedes obtener la información de las noticias de cualquier comunidad en línea a la que te incorpores, de los medios de comunicación o de cualquier otro informe que encuentres fácilmente en línea.

Uno de los factores más importantes a la hora de seguir esta técnica es asegurarte de mantener tus emociones bajo control. Los operadores experimentados saben muy bien cómo las emociones pueden afectar a sus decisiones al operar. También saben cómo esto puede hacer que un operador pierda mucho dinero. Uno de los ejemplos históricos más populares de cómo las emociones pueden afectar al mercado de valores es la caída del mercado de valores de 1929. Este es el evento que ayudó a lanzar a los Estados Unidos a la Gran Depresión, que duró toda la década de 1930. Una de las razones por las que se produjo la caída fue por todos los inversores que decidieron vender rápidamente sus acciones porque vieron caer los precios. Comenzaron a preocuparse por el dinero que perderían si no vendían. Además, comenzaron a preocuparse por el mercado de valores en general porque los precios se estaban volviendo muy bajos. Las emociones se estaban disparando en Wall Street justo antes de la caída de la bolsa, lo que no ayudó en nada a la situación. De hecho, muchos historiadores afirman que si la gente hubiera mantenido sus acciones en lugar de venderlas, Estados Unidos nunca habría visto una depresión tan horrible en su economía. Como se ha dicho antes, cuando las acciones se venden, el precio disminuye. Por lo tanto, mientras más gente venda, más bajará el precio. Debido a que el precio de las acciones siguió bajando, más gente comenzó a vender. Eventualmente, esto llevó a la caída del mercado de valores.

Siempre es bueno asegurarte de pensar lógicamente cuando se toman decisiones en el mercado de valores. Si te encuentras pensando de forma ilógica, estás poniendo demasiada emoción en tu decisión. Una de las mejores cosas que se pueden hacer cuando esto sucede es simplemente tomar un descanso o elegir una acción hacia la que no sientas demasiada emoción. También es importante recordar que el trading intradía no es para todo el mundo. Si eres naturalmente una persona con emociones fuertes, puede que quieras mirar diferentes métodos de trading o inversión.

También debes asegurarte de seguir investigando. Una vez que veas un informe de noticias, debes ver cómo estas noticias están afectando a las acciones. Por ejemplo, si lees que la farmacia CVS donó miles de dólares a una comunidad en dificultades, es posible que el precio de sus acciones aumente. Las noticias pueden afectar fácilmente a quienes compran y venden las acciones de una empresa, ya que los inversores quieren comprar acciones de empresas que creen que tendrán éxito y de las que están orgullosos de poseer una acción. Por lo tanto, el precio de las acciones subirá, pero el valor también podría aumentar.

Por supuesto, siempre hay noticias negativas que también pueden afectar a las acciones. Si descubres que tienes acciones en una empresa y ves un artículo de noticias negativas sobre ellas, probablemente querrás vender lo más rápido posible porque esto te permitirá vender con menos pérdidas.

Desvanecimiento

No muchos traders participan en el desvanecimiento porque se sabe que es una de las estrategias más arriesgadas. A menos que tengas una buena cantidad de experiencia en el trading, es mejor que no participes en el fading, ya que se considera una técnica más avanzada en el negocio. La base de la venta en corto es que el trader especula con la caída de las acciones. La especulación significa que el trader realiza la transacción cuando el riesgo de perder el capital es alto porque espera que haya un beneficio o algún tipo de ganancia en la transacción.

El desvanecimiento no sigue las tendencias del mercado. Compran cuando el precio de las acciones es bajo y venden cuando el precio es alto. A menudo compran una acción cuando sienten que el mercado ha reaccionado exageradamente a las noticias recientes. Uno de los beneficios es que hay poco análisis que se necesita hacer antes de comprar o vender.

Trading con stop-loss

Este tipo de estrategia implica hacer un trato con tu corredor para vender una acción una vez que alcance un determinado precio. Esta es una estrategia popular, de hecho la mayoría de los traders experimentados dicen que debes utilizar el stop-loss porque te da seguridad en tu negocio. Esto sucede porque puedes decidir decir que venderás las acciones cuando estén un 13% por debajo de su precio de compra.

Este tipo de estrategia no siempre se utiliza para el trading intradía porque a veces las acciones no alcanzan el porcentaje que estableces. Por lo tanto, continúas manteniendo la acción y no la vendes al final del día.

Operaciones en rango

Este tipo de trading se suele comparar con el seguimiento de tendencias, sin embargo son técnicas diferentes. Cuando se utilizan las operaciones en rango, se observa una acción durante un cierto período de tiempo. Al igual que otras técnicas, el aumento y la disminución de los precios presentará un patrón que es notable para el trader. Este observará los precios hasta que vea una ruptura en el patrón. Una ruptura (breakout) es cuando el precio se infla dramáticamente. Lo opuesto a esto, un colapso (breakdown), es cuando el precio disminuye dramáticamente de su patrón. Una vez que esto sucede, los traders sienten que este patrón continuará por algún tiempo.

Con el fin de reducir los riesgos en esta estrategia, los traders a menudo establecen límites altos y bajos. Esto significa que una vez que han visto dónde está el patrón de la acción durante un par de horas, establecerán el precio más alto y más bajo que comprarán o venderán. Luego, una vez que se produce el colapso o la ruptura, el trader dará el paso y comprará o venderá la acción.

Capítulo 8: Estrategias de trading para diversos instrumentos financieros

Acciones

Las acciones son típicamente una de las primeras cosas en las que la gente piensa cuando mira el trading. Cuando se trata del mercado de valores, la gente suele referirse a las acciones como valores. Hay muchas maneras de manejar valores. Por ejemplo, si te interesa invertir, puedes usar la estrategia de compra y retención, que consiste en comprar y mantener el tiempo que quieras. Por lo general, la gente trata de mantenerlos a largo plazo.

Sin embargo, cuando se trata de trading intradía, se manejarán las acciones de manera diferente ya que no se desea mantenerlas por mucho tiempo. Cuando busques comprar acciones, querrás encontrar aquellas que están subiendo o que ya están en el fondo de su caída. Haciendo esto, deberías ser capaz de obtener algún tipo de beneficio al final del día.

Cuando leas sobre el mercado de valores, mucha gente te dirá que no prestes atención a los precios de las acciones durante el día, ya que normalmente suben y bajan. Aunque querrás seguir este consejo si estás invirtiendo en el mercado de valores, no querrás seguir este consejo si es un trader intradía. De hecho, como trader intradía debes asegurarte de que prestar mucha atención a los precios de las acciones de tus empresas objetivo todos los días. Quieres ver cuánto caen y suben porque esto te permitirá saber si debes tomar una de las acciones de la compañía o no.

Las mejores acciones para que compres por la mañana son las que se enfrentan a un descenso debido a un evento imprevisto. Este puede ser cualquier tipo de evento, incluyendo noticias negativas o que los inversores sientan que el precio está bajando demasiado rápido y, por lo tanto, decidan vender sus acciones. Una de las principales razones por las que los precios suben y bajan es porque la gente está comprando o vendiendo las acciones. Por ejemplo, si un gran número de personas compran acciones de Target, el precio va a subir. Sin embargo, si deciden vender sus acciones, el precio va a bajar. Típicamente, especialmente para un negocio fuerte como Target, cualquier descenso es temporal y el precio pronto vuelve a subir. Esta es una razón por la que es importante que te mantengas al día en el mercado de valores.

Monedas

Cuando decides adquirir divisas en tu carrera de trader, encontrarás que tu riesgo aumenta porque te conviertes tanto en el comprador como en el vendedor. Si bien esto siempre aumenta cualquier riesgo en tus operaciones, es mejor tener un poco de experiencia antes de comenzar a operar con divisas. Sin embargo, si alguna vez has viajado a otro país en el que tuviste que intercambiar tus fondos, entenderás cómo funciona el trading de divisas ya que es similar. Por ejemplo, si viajas de Canadá a los Estados Unidos, tendrás que cambiar tu dinero canadiense por dinero estadounidense. Lo mismo ocurre con el trading intradía. Podrás cambiar tu moneda por cualquier moneda del mundo, pero debes asegurarte de estar bien versado en la moneda para que puedas recibir la mejor ganancia de capital.

Fondos cotizados

Los fondos cotizados (ETF por sus siglas en inglés) son colecciones de acciones, productos básicos u otros tipos de inversión. básicamente, es una cesta de activos que se puedes comprar sin tener que comprar cada acción individual. Un ETF puede poseer cientos de acciones de varias compañías. Los traders pueden comprar y vender fondos cotizados como lo harían con acciones individuales a lo largo del día. Cuando se compra un ETF, los accionistas no son propietarios del activo subyacente, sino que poseen una acción o una porción de cada acción dentro de la cesta.

Futuros

El trading de futuros no sólo es conocido como la mejor opción para los traders intradía, sino que también es el mejor lugar para que un principiante comience su carrera. Cuando piensas en futuros, puedes pensar en un contrato. Este contrato es entre dos personas que declaran que una parte venderá acciones en un momento específico del futuro. El momento de esta venta suele depender del precio de la acción, y dentro del acuerdo ambas partes acordarán un precio.

Los futuros también pueden ayudar a disminuir el riesgo, ya que se puede observar un precio en el que se obtendrá una buena ganancia. Otra ventaja de utilizar los futuros es que permiten a los principiantes aprender más sobre el mercado de valores a través de la experiencia práctica. Si bien siempre querrás asegurarte de estar educado antes de comenzar, también debes continuar tu educación después de haber comenzado. A través de los futuros, una persona puede obtener una mejor visión de cómo funciona el mercado de valores y cómo mirar hacia dónde se dirigen las acciones en el futuro.

Opciones

Cuando se trata de opciones de compra de acciones, el trader tiene derecho a un precio acordado para una acción. Al mismo tiempo, puede seleccionar una fecha específica al comprar y vender, según el acuerdo. Hay dos tipos diferentes de opciones. El primero se conoce como opción de compra y el segundo tipo se llama opción de venta. El primero te da el derecho de comprar la acción siguiendo el acuerdo, y el segundo te dan el derecho de vender.

Se sabe que esto es un beneficio para cualquiera que esté comerciando en el mercado de valores debido a la flexibilidad dentro del trading. Por ejemplo, puedes comprar la opción de compra de acciones cuando está baja, pero no tienes que venderla rápidamente. En cambio, puedes esperar a que el precio aumente, que es cuando se completa la compra y se vende la acción. Esto ayuda a asegurarte de que puedes obtener una ganancia. A los traders intradía les gusta usar opciones de acciones porque ayudan a disminuir el riesgo de perder capital.

Forex

Forex es el término abreviado para el Mercado de Divisas en inglés, que es donde operarías tus divisas. Actualmente, este es uno de los mercados más utilizados en línea porque todos, desde las empresas hasta los traders individuales lo utilizan. De hecho, no es necesario ser un trader intradía para participar en el trading de Forex, ya que utilizarás este mercado siempre que viajes por el mundo y necesites intercambiar divisas.

Como en cualquier otra forma de trading, hay algunas cosas que necesitas saber antes de empezar a operar con divisas.

- Cada divisa está designada por su propio símbolo en el mercado. Por ejemplo, el dólar estadounidense es USD.
- Hay un precio de mercado asociado a cada par Forex. El precio te dice cuánto de la segunda moneda necesitarás para operar por la primera.
- Las divisas siempre se negocian en pares. No importa la transacción que hagas, tienes que comerciar una divisa con otra.
- No tienes que tener una cierta cantidad de dinero en tu cuenta para empezar a operar en Forex ya que no hay un requisito mínimo.
- Puedes comerciar con divisas a través de tres unidades diferentes: mini, micro y lotes estándar.
- Cuando empieces a operar en Forex, los expertos sugieren que empieces con la cuenta micro, que es de 1.000 dólares, ya que esto permite más flexibilidad.

Capítulo 9: Análisis fundamental

Más recientemente, el análisis fundamental ha visto su parte de controversia en el mundo del trading intradía. Mientras que algunos traders sienten que este tipo de análisis no tiene cabida en el trading intradía, otras personas afirman que sin él, los traders no podrían completar sus operaciones con éxito. En resumen, cuando se trata de análisis fundamental, podría reducirse a la preferencia personal más que cualquier otra cosa. Una vez más, es importante que te conviertas en tu propio trader individual. Esto significa que depende 100% de ti decidir si vas a utilizar el análisis fundamental en tu carrera o no.

La forma en que funciona el análisis fundamental es tratando de analizar el futuro de una acción proporcionando datos que se centran en el conjunto de las fuerzas subyacentes de la economía. Sin embargo, el análisis de la economía en su conjunto es sólo una parte del análisis fundamental. Otros factores incluyen el análisis de la compañía de una acción y el verdadero valor de la acción.

Hay dos tipos principales de análisis fundamental. El primer tipo se conoce como de abajo a arriba y el segundo tipo se conoce como de arriba a abajo. Cuando se centra en el segundo tipo, primero se observan los factores económicos globales y nacionales y luego se observan las acciones para ver cómo los factores afectarán a su seguridad. Cuando te enfocas en el tipo de abajo a arriba, básicamente cambias el escenario: en lugar de mirar primero los factores económicos, miras la seguridad, lo que te ayudará a decidir cuándo será el mejor momento para vender las acciones.

Otra forma de ver el análisis fundamental es afirmando que los operadores más experimentados se benefician de los principiantes o de los operadores con menos habilidad de la que tienen. Sin embargo, esto no quiere decir que el análisis fundamental sea un negocio bajo con gente experimentada que se beneficia de gente nueva en el mercado. Es simplemente cómo funciona el sistema cuando se mira el conjunto de la economía comercial.

Para ayudarte a entender mejor cómo funciona, hay tres factores que entran en el análisis fundamental que muestran que los traders más experimentados pueden beneficiarse de las personas menos experimentadas.

1. Las compañías que emiten acciones adicionales y ofertas públicas iniciales son un medio por el cual los traders experimentados pueden beneficiarse de otros. Básicamente, las ofertas públicas iniciales te dan la oportunidad de aprovechar la discrepancia de tus acciones. Estas a menudo ocurren cuando las acciones se venden o se negocian a un precio más bajo del que el trader las compró. En cierto sentido, este es un precio establecido que un trader menos experimentado puede dar a un trader más experimentado.

2. Otra forma en que los traders experimentados ganan dinero a través de los menos experimentados es porque tienden a ser más rápidos. Esto no significa que el trader más experimentado esté tratando de estafar a otros con dinero. Simplemente significa que él o ella tiene más experiencia que otra persona y, por lo tanto, tiene un mejor sentido de cuándo operar una acción. El trading intradía es una profesión de aprendizaje que toma años para comprender plenamente. Debido a esto, a menudo sentirás que hay miles de otros traders que están aprovechando una oportunidad. En realidad, no están tratando de quitarte nada, sólo son más rápidos cuando se trata de negociar. Es una etapa que puedes alcanzar, también, si continúas trabajando duro y te mantienes determinado y positivo.

3. Los operadores experimentados tienden a tomar más riesgos porque pueden manejarlos. Esto significa que a menudo se centrarán en las empresas más establecidas y serán capaces de encontrar el momento exacto en el que deben operar para obtener un beneficio.

Aunque el análisis fundamental sigue siendo algo importante para muchos traders intradía, no es tan popular como el análisis técnico, que veremos a continuación.

Capítulo 10: Análisis técnico

El análisis técnico es el estudio de las tendencias de comercialización del pasado. Esto se vuelve importante para los traders intradía porque las tendencias pasadas a menudo pueden ayudar a predecir lo que podría suceder con las acciones en el futuro. Por supuesto, siempre debes recordar que sólo porque haya ocurrido en el pasado, no significa que el patrón continuará en el futuro. Sin embargo, las posibilidades de que la tendencia continúe son todavía muy altas. Sólo tienes que asegurarte de que no mantener una actitud de que será exactamente la misma porque, incluso si el patrón continúa, siempre habrá algunos cambios.

Por supuesto, hay más que va en el análisis técnico que lo que muestran las tendencias de mercadeo del pasado. Como cualquier otra cosa en tu carrera de trading, querrás asegurarte de que estás educado en el análisis técnico, para que sepas cómo mirar los diversos gráficos que encontrarás en el camino. Además de esto, también debes usar otras técnicas para ayudarte a acercarte a cualquier predicción futura. Estas otras técnicas las aprenderás a lo largo de tu investigación sobre el tema, pero pueden incluir cómo hacer predicciones generales y reunir tu comprensión básica del mercado de valores.

El análisis técnico es popular entre muchos inversores y traders diferentes. Sin embargo, no todos los traders intradía encontrarán el análisis técnico como una parte útil de su sistema. Todo depende de tu preferencia personal cuando se trata de cómo quieres elegir tus acciones.

Lo que encontrarás a través del análisis técnico

Cuando empieces a leer las tendencias de comercialización de las acciones en el pasado, encontrarás una variedad de gráficos y cuadros que utilizarás para realizar análisis técnicos. Hemos tocado algunos de ellos anteriormente, como los gráficos de velas, los gráficos de barras y los gráficos de líneas, pero hay varios otros gráficos que podrían serte útiles mientras realizas tu análisis técnico.

Gráficos de precios

El gráfico de precios se describe como el gráfico central en el análisis técnico. En este gráfico, hay dos líneas separadas. Una es una línea vertical que describe el precio, y la línea horizontal describe el tiempo.

Gráfico de puntos y figuras

Aunque este es el gráfico que ha estado en circulación por más tiempo, más de un siglo, también es uno que ya no se encuentra muy a menudo. Sin embargo, esto no significa que sea menos importante que cualquiera de los otros gráficos que puedes encontrar cuando miras el historial de una acción. Aunque este gráfico no indica el volumen o el tiempo, puede ser un excelente gráfico que te ayudará a predecir adónde irá el precio de la acción en el futuro.

Una cosa que diferencia al gráfico de puntos y figuras del resto es que en lugar de estar compuesto de puntos y líneas, está compuesto de x y o, lo que puede hacer más fácil su lectura para algunas personas. Cuando ves una "o" en el gráfico, esto significa que el precio disminuyó. Cuando ves una "x" en el gráfico, significa que el precio aumentó.

Las personas que encuentran útil el gráfico de puntos y figuras a menudo echarán un vistazo rápido al gráfico, ya que pueden detectar fácilmente las x y las o sin tener que hacer un análisis detallado. Para algunos operadores, este rápido análisis les dará suficiente información sobre si se trata de una acción que quieren investigar más a fondo o no. Sin embargo, la mejor idea es siempre continuar con el análisis, sin importar cómo se vea el gráfico a primera vista. Es importante recordar que, sea lo que sea lo que estés haciendo en el mundo del trading, debes ser lo más exhaustivo posible. Si no te tomas tu tiempo, puedes fácilmente pasar por alto algo importante que podría haberte dado un beneficio considerable - o protegerte de una pérdida considerable - si sólo lo hubieras tomado en consideración.

No importa qué gráfico decidas utilizar cuando estés realizando un análisis técnico, encontrarás los diferentes precios dentro de ese gráfico.

Estos precios serán algunas de las características más importantes de tu análisis. A través de estos gráficos, serás capaz de averiguar cuál fue el precio de la acción cuando se abrió, cuando se cerró, cuál fue su precio máximo y cuál fue su precio mínimo.

Rango o Tendencia

Una vez que te encuentres con un gráfico que vayas a analizar, debes pensar dónde está tu interés, si es con el rango o la tendencia de la acción. Aunque el rango y la tendencia son diferentes, ambos tienen que ver con el precio, por lo que es importante que los veas cuando se trata de un análisis técnico.

Si decides que esa tendencia es más atractiva de seguir, entonces estás más interesado en seguir la corriente. Además, probablemente te sientes más cómodo con el riesgo que alguien que elegiría seguir el rango. A menudo descubrirás lo que otras personas están haciendo mientras observas la tendencia. Aunque esto no es algo que debas acostumbrarte a hacer como trader porque seguir a otros puede hacerte perder de vista tus hábitos individuales, es importante seguirlo si esto es lo que más te atrae durante tu análisis. Sin embargo, la tendencia también se considera la elección más arriesgada de las dos.

La razón por la que seguir la tendencia es más arriesgada no es porque vas con lo que otras personas están haciendo, sino porque estás usando la tendencia y tratando de averiguar la mejor predicción futura que puedas sobre el destino de las acciones. Debido al riesgo, querrás asegurarte de mantener tus operaciones pequeñas. Recuerda, cuanto más grandes sean tus transacciones, más riesgosas serán. Incluso si te sientes cómodo con un gran nivel de riesgo, no querrás correr demasiado riesgo con las mismas acciones.

Si decides que el rango es más importante, entonces probablemente tenga un nivel de riesgo menor que te sientas cómodo asumiendo como operador. No hay nada malo en tener un nivel de riesgo más bajo, de hecho, como principiante puede ayudarte a largo plazo. Además de esto, siempre puedes acumular técnicas y acciones que conllevan más riesgo a medida que continúas aprendiendo más sobre el mundo del trading intradía.

La razón por la que el rango es generalmente más seguro es porque te permite predecir dónde se moverá el precio de la acción en el futuro con más confianza. Puedes tomar tu educación, tu análisis y todos los demás factores y combinarlos para darte una predicción futura más fiable con las acciones.

Cuando te concentras en el rango, estás buscando ver cuándo las acciones se moverán positivamente, que es cuando harás tu movimiento y tomarás las acciones. Este movimiento positivo a menudo se producirá antes de que el precio vuelva a bajar, lo que significa que normalmente tienes una ventana muy corta para negociar esta acción, si decides tomarla. Esto no significa que tengas que encontrar el mejor punto de entrada, simplemente significa que querrás saber cuándo crees que será el momento y luego estar disponible para una posible entrada. Si descubres que has perdido tu oportunidad cuando vuelvas a la reserva, no te detengas en eso. Recuerda, es imposible predecir el futuro de una acción al 100%, no importa lo bien que hayas realizado tu análisis.

Análisis técnico y psicología

Si tienes alguna formación en psicología, encontrarás el análisis técnico bastante fácil de entender. De hecho, probablemente crecerá tu amor por el análisis técnico y lo usarás tan a menudo como sea posible. Hay mucha psicología que entra en esto porque esencialmente estás analizando los patrones de comportamiento de las acciones y los traders que participaron en la creación de esos patrones.

De hecho, la psicología puede ayudarte a bloquear uno de los mayores factores de riesgo cuando se trata de usar el análisis técnico: atar tus emociones a tus decisiones. Como ya he dicho antes, querrás asegurarte de mantener tus emociones fuera de tus decisiones cuando se trata de operar. La psicología puede ayudarte a frenar tus emociones cuando analizas el comportamiento de la acción porque es más probable que seas consciente de tus emociones cuando se trata del análisis técnico.

Una de las mayores emociones de las que querrás asegurarte de que eres consciente es la codicia. Esta emoción puede aparecer rápidamente sin que la gente se dé cuenta, especialmente cuando tus operaciones van bien y te encuentras ganando una buena cantidad de dinero. Es una reacción humana natural sentir que una vez que empiezas a sacar provecho de tu trabajo, deseas encontrar maneras de hacer más dinero. A cambio, puedes empezar a tener un sentido de avaricia cuando estás buscando tu próximo beneficio, lo que puede causar todo tipo de problemas y errores a lo largo del camino que podrían durar hasta bien entrado tu futuro.

Otra forma en que la psicología y el análisis técnico van juntos es debido a la profecía autocumplida. Debido a que muchos otros traders han usado el mismo sistema, te das cuenta de que las estrategias que usan funcionan. Esto puede ayudarte de muchas maneras, incluyendo el aumento de tu confianza en la toma de decisiones.

Capítulo 11: Gestión del riesgo

No importa el tipo de trading que decidas emprender, o incluso si decides tomar la ruta de inversión más tarde, tendrás que gestionar tu riesgo. Afortunadamente, hay muchos consejos de operadores experimentados que te ayudarán con la gestión del riesgo. Desafortunadamente, no hay manera de deshacerse completamente del mismo. Como en cualquier otra carrera, siempre existe la posibilidad de que algo salga diferente a lo que esperábamos.

Estrategias para ayudarte a manejar el riesgo

La regla del 1% de riesgo

Una de las estrategias más populares que los traders intradía usan para manejar el riesgo se conoce como la regla del 1% de riesgo. Esta regla es bastante básica y establece que nunca arriesgas más del 1% del valor de tu cuenta en una operación determinada. Sin embargo, esto no significa que sólo puedas tomar el 1% de tu capital para comprar una operación. Por ejemplo, si sólo tienes 50.000 dólares en tu cuenta de capital, no pienses que sólo puedes tomar 500 dólares de eso para cualquier operación. La regla significa que te centras en varios pasos de gestión de riesgos para ayudarte a prevenir más del 1% de pérdidas en una operación.

Mientras que la regla del 1% es conocida por ser la estrategia de gestión de riesgos más popular, hay otra que está muy cerca y sigue el mismo método. Esta regla se conoce como la regla del 2%. Básicamente, en lugar de invertir sólo el 1% del valor de tu cuenta, puedes invertir hasta el 2%. De hecho, muchos traders comenzarán siguiendo la regla del 1% al principio, pero a medida que ganen más experiencia y adquieran más capital, comenzarán a utilizar la regla del 2% como una estrategia de gestión de riesgos.

No comercies solo

Otra estrategia popular de gestión de riesgos es encontrar un corredor o un asesor que te ayude en tu proceso de negociación. Volveré a hacer hincapié en que no sólo debes sentir que puedes confiar plenamente en esta persona, sino que también debes asegurarte de que tiene una gran experiencia en el trading. Si bien los inversores pueden ser útiles, es necesario recordar que la inversión y el trading están separados. Por lo tanto, debes concentrarte en encontrar a alguien que haya sido un trader, específicamente un trader intradía, para que te ayude a aprender las reglas, las pautas y otros factores relacionados con el mundo del trading.

Si bien eventualmente puedes comenzar a operar solo, debes asegurarte de que entiendes la carrera de trader intradía y te sientes completamente cómodo trabajando por tu cuenta. Puede tomar algunos años llegar a este punto, y eso está completamente bien. Debes recordar que te estás enfocando en una nueva carrera, ya sea a tiempo parcial o a tiempo completo. Por lo tanto, necesitas poner lo mejor de ti y si eso significa que tienes un corredor o mentor durante los primeros años, entonces manejaste bien tu nuevo trabajo.

Está bien cortar tus pérdidas

La regla de "stop-loss" es una de las mayores formas de minimizar el riesgo. Esta regla debería ser parte de tu plan de trading y te dirá exactamente cuándo necesitas negociar o vender tus acciones sin importar cuánto dinero perderás. Básicamente, esto te da un límite de cuánto se te permite ver la caída del precio antes de que tengas que hacer el movimiento para reducir tus pérdidas.

También es importante recordar en este momento que no debes tomarte en serio ninguna de tus pérdidas. Si quieres convertirte en un exitoso trader intradía, necesitarás entender que a veces ganas y a veces pierdes. Cuando pierdas, es importante que sigas adelante y te concentres en el siguiente paso.

Anota los errores de otros trader intradía

No se puede enfatizar lo suficiente: los traders cometen errores. Desafortunadamente, no hay manera de evitarlo. Sin embargo, puedes limitar el número de errores que cometes sabiendo qué errores comunes cometen los demás y evitando seguir sus pasos equivocados. Discutamos algunos de ellos.

Te encuentras comerciando demasiado

Comerciar demasiado, a menudo puede convertirse en un problema cuando se ha decidido hacer del trading intradía tu trabajo a tiempo completo. Hay mucha información sobre este tema. No importa cuánto lo intente la gente, para poder encajar toda la información que tienes que saber en un libro es casi imposible. Es por eso que la gente a menudo tiene algunos libros sobre el trading intradía. Por ejemplo, podrías comenzar con una guía para principiantes y luego pasar a estrategias e información más avanzadas.

Debido a esto, puede que sientas que puedes convertirte en un trader a tiempo completo, pero rápidamente te sentirás abrumado una vez que empieces a comerciar oficialmente. A veces la gente se da cuenta de que no están obteniendo los beneficios que necesitan de inmediato, lo cual es común, por lo que deciden tomar más operaciones durante el día. Sin embargo, es entonces cuando empiezan a cometer más errores. Además de esto, la gente puede descubrir que están empezando a perder interés en una carrera que una vez les entusiasmó.

Si te encuentras en esta situación, no pienses que has cometido un error al convertirte en un trader de tiempo completo. En cambio, mira con qué frecuencia estás comerciando. Es probable que estés operando demasiado, y necesitas trabajar para encontrar un ritmo más cómodo para ti como trader intradía. Esto podría significar que, como todavía estás aprendiendo los conceptos básicos del trading intradía, decidas ser un operador a tiempo parcial antes de abrirte camino hasta convertirte en un operador a tiempo completo.

Si te encuentras en esta situación, no pases demasiado tiempo preocupándote por cómo llegaste allí. En su lugar, trabaja en cómo puedes evitar volver a meterte en esta situación. Puede llevar algo de tiempo, y puede significar que necesitas concentrarte en una acción a la vez mientras encuentras tu "ritmo". Sin embargo, los resultados de dar un paso atrás y encontrar un nivel más cómodo para ti mismo te darán más beneficios y mayores ganancias que tomar demasiadas de las acciones equivocadas en los momentos equivocados.

Tienes expectativas poco realistas

Cuando la mayoría de la gente se mete en el trading intradía, sabe muy poco sobre él, y esto puede llevar a expectativas poco realistas. No hay nada malo en descubrir que tus expectativas no coinciden con la realidad cuando comienzas tu nueva carrera de operador. De hecho, si lo piensas, la mayoría de las personas que entran en nuevas posiciones a menudo tienen expectativas poco realistas. Todo es parte del sistema, por lo que este es uno de los errores más comunes que los principiantes cometen al entrar en el campo.

Aunque no puedas detener todas tus expectativas poco realistas, puedes reducir la cantidad asegurándote de hacer toda la investigación que puedas antes de entrar en el trading intradía. Además, siempre es una buena idea hacerte miembro de una comunidad en línea en la que puedes pasar un tiempo hablando con otros operadores y hacerte una idea de lo que es realista y lo que no lo es cuando se trata de tus expectativas.

Una de las mayores ideas poco realistas que tienen los traders intradía principiantes es que les falta una fórmula secreta a la hora de elegir las mejores acciones. Puedo decirte ahora mismo que no hay ninguna fórmula secreta para elegir las mejores acciones que te den más beneficios. Por lo tanto, no querrás gastar tu tiempo y energía en buscar "la que es", ya que todo lo que harás es desperdiciar tu energía y tiempo. En su lugar, querrás pasar tu tiempo investigando información que sea útil para un principiante.

Como cualquier otro error que se comete en el mundo del trading intradía, es importante no dejar que los errores (y el hecho de insistir en ellos) te quiten mucho tiempo. Si encuentras que tienes expectativas poco realistas, simplemente déjalas ir y pasa al siguiente paso. Descubre qué es más realista y céntrate en los aspectos positivos de tu nueva carrera.

No seguir con tu análisis posterior a la negociación

Es fundamental tomarte el tiempo cada día para realizar el análisis posterior. De hecho, esto es tan importante como asegurarte de tomar tiempo por la mañana para el análisis previo a la negociación. Tienes que asegurarte de que tu análisis post-trading es parte de tu plan de negocios. Además, tienes que asegurarte de que te tomas el tiempo todos los días que operes para escribir en tu diario de trading, hacer capturas de pantalla de tus transacciones, encontrar cualquier error que hayas cometido, mirar las formas en que te desempeñaste bien, y cualquier otro análisis que sea importante para ti. Si no sigues adelante con esto, no podrás crecer como trader intradía.

Cuando analices tus operaciones del día, debes recordar las cinco "preguntas clave", que son: quién, qué, dónde, cuándo y por qué.

1. Quién

Cuando preguntes quién hizo la operación, deberías poder señalarte a ti mismo. Sin embargo, si te das cuenta de que estás pensando en otras personas, esto significa que dejas que otros te digan que hagas este intercambio. Como es importante tener en cuenta que debes decidir qué oficios haces, si te encuentras señalando a otros has encontrado una debilidad en la que debes trabajar.

2. Qué

La parte de tu análisis incluirá cualquier factor relativo a las acciones, como qué precio tenía, cualquier precio de stop-loss, beneficios y estrategias que hayas utilizado. Una de las mejores maneras de asegurarte de que no te pierdas ningún detalle de esta sección es crear una plantilla que puedas utilizar cada vez que estés pasando por el análisis post-trading de una acción.

3. Donde

Esta parte de tu análisis post-trading es bastante simple. Básicamente es asegurarte de anotar dónde estabas cuando decidiste hacer la transacción. Por ejemplo, ¿estabas sentado en tu oficina o en tu sala de estar? ¿Estabas usando tu ordenador o un dispositivo móvil?

Si te preguntas por qué es importante, piensa en cómo tu estilo de vida puede afectar tu operación. Si eres un padre o madre que se queda en casa y ha decidido hacer trading a tiempo parcial para ayudar a ganar un poco de ingresos adicionales, el "dónde" te dirá si la distracción puede haber jugado un papel importante cuando hiciste esta operación. Esto puede ayudarte a anotar los lugares en los que deberías o no hacer intercambios.

4. Cuando

También podrías beneficiarte de usar una plantilla cuando miras el momento en que hiciste una transacción. Para ello, no sólo puedes anotar la fecha, sino también la hora en que lo hiciste. Además, puedes anotar cualquier otra información importante con respecto a las fechas u horas, como por ejemplo cuando comenzaste a enfocarte en esta acción en particular como un posible negocio. Lo específico que seas con esto depende de tu preferencia personal. Es posible que después de unos meses descubras que no eres tan específico como deberías ser, así que decides incluir más detalles después de la revisión.

5. Por qué

Esta es una parte de tu análisis post-trading que puedes estar cambiando con mayor frecuencia, al menos al principio de tu carrera. Esta es el área que puede ser una de las más importantes porque te dará todos los detalles que quieras registrar, desde por qué decidiste tomar la operación hasta por qué decidiste vender las acciones cuando lo hiciste. Esta sección puede darte mucha información sobre tu personalidad comercial en general, que antes no conocías. Además de esto, puedes ser capaz de averiguar cuáles son algunos de tus puntos fuertes y débiles a través de esta práctica.

No seguir con tus actividades previas al trading

Este es uno de los errores más comunes que cometen los traders principiantes. Tu análisis pre-trading a menudo incluye ver lo que el mercado de valores hizo de la noche a la mañana, cómo estuvo el mercado Forex, y leer las últimas noticias. Esta parte del día debe completarse antes de que abra el mercado de valores, lo que puede ser un desafío mayor para algunas personas que para otras, dependiendo de dónde vives y tu zona horaria en relación con la bolsa de valores.

Debido a que hay que seguir la zona horaria de la Bolsa de Valores de Nueva York, si vives en California, esto significa que el mercado abre alrededor de las 6:30 de la mañana. Si eres más un búho nocturno que un pájaro madrugador, esta hora puede convertirse en un desafío para ti. Sin embargo, si estás decidido a ser un exitoso trader intradía, entonces serás capaz de superar este obstáculo.

Debes permitirte por lo menos una media hora a una hora antes de que el mercado de valores abra para pasar por tus actividades pre-trading. Si encuentras que necesitas más o menos tiempo, siempre puedes adaptarte a medida que empieces a sentirte cómodo en tu nueva profesión.

Los traders intradía que han cometido el error de no seguir con su análisis previo a menudo notan que empezaron a cometer más errores a lo largo del día. Además de esto, sentían que no entendían realmente lo que estaba pasando con las acciones que estaban viendo porque no habían leído las últimas noticias, lo que puede afectar rápidamente a las acciones de una empresa. Evitar este error es fácil, ya que todo lo que tienes que hacer es asegurarte de que tienes suficiente autodisciplina para darte el tiempo suficiente por la mañana para llevar a cabo este análisis.

No te preocupas por tu salud mental

No preocuparse lo suficiente por la salud mental es un error común en casi todas las profesiones, no sólo en el trading intradía. Y al igual que otras ocupaciones, asegurarte de que tienes el estado mental adecuado te llevará hacia el éxito o lejos de él. Lo diré de nuevo: cuando se trata del trading intradía, tener el estado mental correcto puede determinar si vas a tener una actitud ganadora o perdedora.

La clave para no quedar atrapado en este error es simplemente asegurarte de que no estás asumiendo demasiado a la vez. Si empiezas a sentir que estás tomando demasiadas operaciones, estás trabajando demasiado tiempo, o estás demasiado estresado, tu salud mental va a empezar a decaer. Uno de los peligros de un declive en la salud mental es que a menudo no te das cuenta de que estás en una espiral descendente hasta que estás completamente agotado o has perdido toda la confianza en ti mismo.

Creer que cualquiera puede convertirse en un trader intradía

Desafortunadamente, el trading intradía no es para todos. Uno de los errores más comunes que cometen los traders es creer que cualquiera puede hacerlo. Parte de esto viene del hecho de que la gente a menudo siente que si pueden lograr algo específico, entonces cualquiera puede. Esto no es cierto cuando se trata del trading intradía. Por ejemplo, algunas personas podrían ser más adecuadas para invertir en el mercado de valores, por ejemplo, utilizando la estrategia de compra y retención. Otras personas pueden encontrar que les gusta mantener sus inversiones en bonos, monedas o una cuenta de ahorros de alto interés.

Por supuesto, esto no significa que alguien que no esté educado en el trading intradía no pueda convertirse en un operador. En realidad, si alguien está informado, decidido y dispuesto a trabajar duro para su carrera, puede convertirse en un exitoso trader intradía. Sin embargo, es importante tener en cuenta que una persona debe tener estos rasgos o podría encontrarse con una pérdida de capital mayor de lo que nunca imaginó.

Capítulo 12: ¿Cómo es un día típico de trading?

Una cosa que debes entender como trader intradía es que el tiempo es de importancia crítica. Si regresas y mira las estrategias y técnicas que leíste antes, notarás que cuando los traders compran y venden, lo hacen en momentos específicos. Esto puede ser más difícil con algunas estrategias que con otras porque, como muestra la estrategia de spread, los traders compran y venden constantemente.

Una de las maneras en que puedes entender el tiempo y cómo fluye el día de trabajo de un trader es mirando el horario de un trader típico. Por supuesto, la zona horaria afectará cuando realmente te levantes para empezar a trabajar. Debido a que trabajas alrededor de las horas regulares del mercado de valores, que son de 9:30 a.m. a 4 p.m. hora del este, tendrás que ajustar tus horas. Por ejemplo, si vives en la costa oeste, tu día comenzará alrededor de las 6:30 am. Debido a que la zona horaria del mercado de valores se basa en la hora del este, las horas que se indican a continuación siguen esta zona horaria.

Antes de que el mercado abra

La mayoría de los traders comienzan su día antes de que el mercado abra. Esto no sólo les permite prepararse para su trabajo en términos de prepararse para el día (tomar un café y agarrar algo para el desayuno), sino que también les permite ponerse al día con las noticias y los cambios que ocurrieron durante la noche en el mercado de valores. De hecho, muchos operadores experimentados te dirán que la parte más importante del día es la primera media hora. Es el momento en el que se revisan las acciones y se buscan las que se quieren observar durante un par de horas o asumir.

También es el momento del día en el que el mercado es inestable. Una de las razones de esto son las noticias de la mañana. La gente está aprendiendo lo que ha cambiado durante la noche y el mercado de valores cambia rápidamente durante una media hora más o menos. Por lo tanto, siempre es mejor no hacer ninguna compra o venta durante este tiempo. De hecho, la mayoría de los traders tienden a sentarse al margen y observar el mercado, ya que esto puede evitar que pierdan dinero.

Es en este momento cuando querrás asegurarte de que toda tu tecnología está en funcionamiento. Querrás asegurarte de que tu Internet no esté funcionando mal, que tu computadora haya completado cualquier actualización y esté lista para realizar las tareas del día, y que tu escáner, impresora y cualquier otra cosa esté encendida y lista para funcionar. Siempre es conveniente abrir la plataforma de trading y cualquier otra herramienta de software que necesites para completar las tareas del día en este momento. Tómate el tiempo necesario para asegurarte de que todo funciona sin problemas. Si notas algún problema, querrás asegurarte de que haces lo que puedes para solucionarlo y así estar preparado para enfrentarte al mundo de la bolsa lo antes posible sin que las dificultades técnicas te arruinen el día.

El mercado de valores de la mañana

Después de garantizar que todo funciona correctamente y que estás listo para enfrentar el día, deberías empezar a escanear el mercado. Querrás comprobar las acciones que tenías en mente mirar previamente, y comprobar qué acciones debes vigilar o comprar. Empezarás a prestar atención a las tendencias, a notar cualquier ruptura o colapso, y a ver qué acciones están funcionando bien y cuáles no. Durante este tiempo, por lo menos de 9:30 a 10:00 am, comenzarás a ver qué acciones podrían darte las mejores ganancias del día.

Muchos operadores experimentados han dicho que alrededor de las 10:00 es cuando las cosas empezarán a ir más despacio. Por supuesto, siempre habrá traders vendiendo y comprando a lo largo del día, pero la volátil sesión matutina ha terminado y ahora los traders están trabajando para averiguar sus próximos pasos.

Entre las 10:30 y las 11:00, muchos traders cobrarán las transacciones que consideren rentables. Mientras que algunos renunciarán por el día, otros continuarán su trabajo en el mercado de valores, especialmente si no han sido capaces de obtener un beneficio todavía. A medida que el mercado de valores se calme, notarás que algunos están trabajando para comprar una nueva acción que esperan poder vender al final del día para obtener una buena ganancia. Una razón para esto es que la gente no quiere hacer un mal negocio durante la hora del almuerzo, ya que esperar tanto tiempo a menudo significa que les será más difícil salir de su mal negocio.

También es la hora en que la gente se prepara para el almuerzo, que ocurre entre las 11:00 am y las 2:15 pm. Puede haber un último pico de gente que cobra sus acciones antes del almuerzo. Se sabe que es uno de los momentos más tranquilos del mercado de valores. Si eres un trader intradía, probablemente pasarás tu tiempo tomando tu descanso para almorzar y luego regresarás para hacer un poco más de investigación. Si eres nuevo en el mercado de valores, esta sería la oportunidad perfecta para educarte un poco más sobre el trading intradía, otras formas de trading, o la inversión en general. Después de todo, el trading intradía puede ser un paso adelante en tu nueva carrera.

El mercado de la tarde

Después de la hora del almuerzo, comenzarás a ver más actividad en el mercado de valores. La gente no sólo buscará nuevas operaciones, sino que también prestará atención a las principales tendencias. Para las 2:00 pm, las tendencias del día están más o menos establecidas. Por lo tanto, se pueden encontrar acciones que pueden ser buenas para usar estrategias donde se buscan rupturas o colapsos.

Alrededor de las 3:00 de la tarde es el último empujón fuerte para los operadores. Es durante este tiempo, cuando los traders intradía trabajan en la venta del resto de sus acciones o, si también entran en el swing trading, buscando si sus acciones serían buenas acciones para este tipo de operaciones. Debido a que los traders son necesarios para deshacerse de las acciones, verás a algunos obtener beneficios y verás a otros perder dinero. Cuanto más te adentres en el mundo del trading intradía, te encontrarás en ambos lados diariamente. Recuerda, como trader intradía vas a perder tanto como ganar. Mientras sigas las estrategias descritas en este libro y hagas lo que puedas para limitar el riesgo, no deberías encontrarte perdiendo demasiado dinero.

Cuanto más te acerques a las 4:00 de la hora del este, más encontrarás a la gente cerrando o cancelando las órdenes no cumplidas. Es importante asegurarte de que todos los pedidos que no se cumplen se cierran porque pueden ser cumplidos al hacerlo, lo que puede hacerte perder dinero rápidamente.

Después de que el mercado de valores cierra

Sólo porque el mercado de valores haya cerrado no significa que hayas terminado completamente con el día. Por supuesto, esta es completamente tu elección. Mientras que algunos operadores cerrarán y terminarán, otros cerrarán y pasarán algún tiempo, generalmente no más de una hora, analizando cómo les fue el día. Si eres nuevo en el mundo de la bolsa de valores, no sería una mala idea adquirir este hábito ya que podrás aprender mucho sobre tus decisiones, notar cualquier error y ver qué puedes cambiar para convertirte en un mejor operador.

Diario de trading

Algunos traders suelen escribir en su diario de trading durante este tiempo. Esta es una gran técnica para ayudar a los traders a aprender más acerca de su progreso y cómo manejar su negocio. Además, puede ayudarles a darse cuenta de dónde necesitan más experiencia, dónde están adquiriendo experiencia y cualquier cambio que deba hacerse en sus rutinas y estrategias. También puedes llevar este diario a tu asesor o agente de bolsa para mostrarle dónde te encuentras como trader.

Aunque hay muchos beneficios al llevar un diario de trading, uno de los mayores beneficios es poder ver detalles de tus transacciones que tus informes no dirán. Por ejemplo, podrás discutir cómo eran las condiciones del mercado cuando participaste en cierta operación, algo que no puedes obtener en tu informe de corretaje. Puedes discutir si te encontrabas distraído, lo que te hizo cometer un error, o puedes discutir cualquier análisis sobre tus operaciones o el mercado de valores en general. Además, siempre puedes volver a tu diario en cualquier momento. Puedes mirar atrás para ver qué cambios has hecho durante el año, lo que has aprendido, en lo que todavía tienes que trabajar, y qué condiciones ambientales afectan a tus transacciones. Por ejemplo, podrías descubrir que no comercias tan bien durante los últimos meses de invierno o que comercias mejor durante la primavera.

Sin embargo, no tienes que escribir en un diario si no quieres. Podrías hacer una captura de pantalla de tus operaciones a lo largo del día o revisar tus gráficos. Esto te permitirá mantener esta información en tu compañía y volver a ella cuando quieras, como un diario. Por supuesto, siempre puedes tomarte el tiempo para tomar notas sobre tus capturas de pantalla también siguiendo estos pasos:

1. Deberías marcar tu hora de inicio con una nota de texto o una línea vertical en tu gráfico. Esto te permitirá anotar si comenzaste temprano, tarde, y qué factores crearon este evento.

2. Puedes hacer una nota de texto de lo que sucedió antes de empezar a operar. Por ejemplo, puedes discutir el entorno del mercado de valores o incluso de tu vida personal. Tanto si trabajamos desde casa como si no, siempre hay factores en nuestra vida personal que pueden hacer que el trabajo sea un poco más difícil de vez en cuando. Estos pueden ser factores importantes para que tomes nota, ya que pueden cambiar la forma en que manejaste tus operaciones ese día.

3. Continúa haciendo notas de texto y líneas en tus gráficos. Por supuesto, querrás hacer esto de manera que no te distraigas cuando vuelvas a mirar el gráfico. Recuerda que estás haciendo esto para ayudarte en el futuro, así que debes hacer lo que puedas para limitar cualquier obstáculo que pueda hacerte perder la pista del gráfico en el futuro.

4. Toma notas de las razones por las que no estabas operando. Por ejemplo, ¿no operaste durante un tiempo específico porque sentiste que el mercado de valores era demasiado inestable o por las noticias que leíste sobre cierta empresa?

Asegúrate de revisar tu diario con frecuencia. Esto te ayudará a aprender y crecer como trader. No sólo podrás notar las áreas que necesitan más investigación o trabajo, sino que también podrás notar tus puntos fuertes. Puedes continuar armando tus fortalezas y abordar cualquier debilidad que hayas señalado.

Una de las cosas más importantes que hay que anotar en un diario es la necesidad de encontrar tu rutina y mantenerla. Tómate el tiempo necesario para pensar si deseas utilizar una mezcla de gráficos y palabras escritas, sólo gráficos o sólo un diario escrito. Esta es una preferencia personal, sin embargo, muchos traders experimentados que llevan diarios a menudo afirman que los gráficos son increíblemente útiles, ya que realmente pueden ver lo que hiciste ese día en lugar de sólo leer una descripción.

Sección adicional: Cómo administrar tu tiempo como trader intradía

Bienvenido a la sección adicional especial, donde se discutirán técnicas especiales para ayudarte a aprender a administrar tu tiempo como trader intradía. Ya sea que seas trader a tiempo parcial o a tiempo completo, es importante aprender a administrar tu tiempo para que puedas convertirte en un operador exitoso. Hay muchas maneras en las que puedes concentrarte en administrar mejor tu tiempo y discutiré varias de ellas aquí. Sin embargo, antes de comenzar, es esencial que me tome un tiempo para recordarte que la incorporación de estas técnicas en tu día no ocurrirá de la noche a la mañana. Tomará tiempo y tendrás que tener autocontrol cuando te concentres en integrar estas técnicas en tu carrera comercial diaria.

Encuentra una estrategia que pueda formar parte de tu estilo de vida y tu personalidad

No importa quién seas, tienes una personalidad y un estilo de vida diferentes a los de cualquier otro trader que conocerás durante tu carrera, incluyendo a tu mentor. Por eso es importante que te conozcas a ti mismo antes de empezar a incorporar el trading intradía en tu vida. No importa si sólo comercias a tiempo parcial o si decides tomar el trading como tu nueva carrera a tiempo completo. El hecho es que tienes que encontrar el tiempo suficiente en tu día para entrar en todos los detalles de la negociación, desde el análisis pre-trading hasta el análisis post-trading, sin agotarte demasiado en tu vida diaria.

Para ello, tienes que sentarte y pensar en cuánto tiempo puedes dedicarle al trading cada día. Primero tienes que investigar lo suficiente para aprender sobre todo el trabajo duro que conlleva esta rama y luego tendrás que mirar tu propio horario. Si ya tienes un trabajo a tiempo completo, probablemente querrás decidir si vas a dejar este trabajo y empezar a comerciar a tiempo completo. Sin embargo, también debes tener en cuenta que es posible que no puedas obtener ingresos de tu posición actual de inmediato como trader. Por lo tanto, tendrás que echar un buen vistazo a tus finanzas para ver dónde puedes encontrar la mejor solución.

Sin embargo, encontrar una estrategia que funcione para ti va más allá de convertirte en un trader a tiempo completo o parcial. Se trata de decidir qué estrategia de trading va a utilizar. Por ejemplo, si sabes que eres una persona paciente, entonces podrás manejar una estrategia en la que podrías terminar esperando la oportunidad adecuada para operar hasta el final del día. Por supuesto, también debes tener en cuenta que esto significa que tendrás que ser un trader a tiempo completo. Sin embargo, si planeas ser un operador a tiempo parcial o te das cuenta de que necesitas trabajar en tu paciencia, probablemente seguirás una estrategia que no requiera tanta paciencia y tiempo de espera.

No intentes forzar el tiempo

Cuando empiece el día de trading, te darás cuenta de que no importa cuánta investigación y planificación hayas hecho, seguirás luchando por encontrar el mejor sistema. Te concentrarás en el ensayo y error hasta que empieces a encontrar algo que funcione para ti. Mientras estés pasando por este momento, es importante recordar que nunca debes tratar de forzarte a crear más tiempo en tu día para trabajar en el trading. Algunas personas pueden hacer esto porque quieren realizar más investigaciones para sus operaciones. Esto puede hacer que te sientas rápidamente agotado y exhausto. Por lo tanto, es mejor mantenerse dentro del marco de tiempo que te has fijado en tu plan de trading.

Otra forma en la que la gente tiende a forzar el tiempo es entrando en un oficio en el que no se sienten bien. Puede que no sientan que este es el mejor negocio porque la estrategia que usan puede no funcionar o pueden sentir que hay demasiado riesgo. Sin embargo, por diversas razones (como la cantidad de capital que podrían obtener de esta operación), las personas sienten que deben seguir adquiriendo las acciones. Esto es forzar el tiempo porque te obliga a tomarte un tiempo para algo con lo que no te sientes cómodo. Recuerda, es importante sentirse cómodo con cualquier operación que hagas. Esto incluye la forma en que pasas tu tiempo.

Mantente alejado de las distracciones

Las distracciones pueden hacer que no manejes bien tu tiempo. Esto es algo común, especialmente cuando los traders trabajan desde casa. Mientras que algunos tienen problemas para mirar lejos de su televisión, otros tratan de tomar el día de negociación porque están tratando de hacer un poco de dinero extra mientras se quedan en casa con sus hijos. Ambas situaciones pueden convertirse en distracciones. Por supuesto, hay formas de limitar la frecuencia con la que la televisión o la navegación por Internet pueden distraerte. No hay tantas opciones para que un padre que se queda en casa encuentre maneras de limitar el tiempo que necesita pasar con sus hijos.

Por lo tanto, cuando se trata de limitar las distracciones, es importante limitarlas de una manera que tu estilo de vida lo permita. Tal vez decidas convertirte en trader a tiempo parcial y sólo te centres en el trading cuando tus hijos estén durmiendo o pasando tiempo con un amigo o en la guardería. También puedes decidir que lo mejor es investigar lo que puedas mientras tus hijos son pequeños y luego dedicarte al trading una vez que empiecen la escuela.

Cuando se trata de otras formas de distracción en el hogar, como la televisión, navegar por Internet, poder salir a la calle cuando quieras, etc., puede que tengas que encontrar formas de combatir estas distracciones a través de técnicas de autocontrol. Por ejemplo, tal vez tengas que instalar una oficina lejos de un televisor o tal vez tengas que apagar el teléfono y dejarlo en otra habitación mientras trabajas.

Dado que las distracciones le quitan tiempo a su tarea, es importante que tomes el control de tus distracciones lo antes posible. No querrás encontrarte perdiendo acciones porque cometiste un error al operar mientras estabas viendo una película.

Encuentra una manera de aprender sistemáticamente toda la información que necesitas

Hay mucha información cuando se trata del trading. No sólo tienes que participar en las clases, sino que también tienes que seguir haciendo tu propia investigación sobre tus acciones, aprender tu estrategia, aprender los diversos patrones, y mucho más. Todo esto puede convertirse en un gran desafío, especialmente cuando el cerebro humano sólo puede contener una cantidad limitada de información nueva a la vez. Por lo tanto, tendrás que encontrar un sistema que funcione para ti cuando estés aprendiendo toda la información valiosa del trading intradía.

Desafortunadamente, no puedo simplemente esbozar el mejor sistema para que lo uses. Esto va a ser algo que tendrás que probar tú mismo. Además de esto, puede que tengas que probar varias técnicas o combinar una variedad de técnicas para ayudarte a descubrir el mejor método para aprender y recordar toda la información que necesitas. Cuando se trata de esto, debes recordar que tienes que ser paciente. Además, puedes ayudar a encontrar la mejor manera de retener la información averiguando las mejores formas de aprender. Por ejemplo, mucha gente aprende a través de tarjetas de memoria. Si eres uno de estos aprendices, puede que te resulten útiles las fichas de terminología que repasarás en el próximo capítulo, o las fichas que explican las diferentes estrategias o gráficos.

Siempre dedica tiempo a mirar los gráficos

Cuando busques crear tu programa de gestión del tiempo, es importante tener en cuenta que debes anotar todo lo que necesitas analizar a lo largo del día. No sólo debes anotar el tiempo de análisis previo a la negociación, sino que también deberías anotar el tiempo que te permitirá ver varios gráficos de acciones a lo largo del día y durante el análisis posterior a la negociación. Todos estos factores son muy importantes y llevan tiempo, especialmente cuando eres un principiante y acabas de aprender sobre el trading intradía. Por lo tanto, durante un tiempo, podría ser mejor permitirte más tiempo para mirar los gráficos de lo que otros traders intradía se permiten a sí mismos. Recuerda que a medida que empieces a desarrollar tu habilidad y a comprender mejor la profesión, podrás volver atrás y crear un programa de gestión del tiempo diferente.

Capítulo 13: Comprensión de la terminología

No importa qué tipo de trader o inversor seas, te encontrarás con un montón de terminología que es nueva para ti en el mundo del mercado de valores. He compilado una lista de algunos de los términos más comunes y he proporcionado significados simples para ayudarte a continuar tu educación en tu nueva carrera.

Línea de tendencia - Esta es la línea que conecta las bajas y las altas para mostrar si una acción está aumentando o disminuyendo de precio. Es importante señalar que puede haber más de una línea de tendencia para una acción.

Ruptura - Esto ocurre cuando un precio no se ha movido mucho durante un período de días. Por ejemplo, la acción ha fluctuado entre 9 y 10 dólares durante cinco días pero luego cambia de patrón. Este patrón se conoce como "ruptura" y puede significar que la acción puede ser rápidamente rentable.

Falsa ruptura - Esto ocurre cuando un trader cree que habrá una ruptura debido al patrón, pero las acciones no siguen subiendo de precio.

Arbitraje - Esto ocurre cuando se aprovecha la diferencia de precio entre los mercados.

Trading en corto - Se refiere a una acción que puedes vender sin poseerla, pero que luego puedes comprarla a un precio más bajo.

Trading en largo - Se refiere a una acción que un trader compra porque espera que el precio aumente.

Oferta Pública Inicial - Esto es cuando una compañía decide ganar dinero vendiendo un cierto número de sus acciones en el mercado.

Conclusión

¡Felicidades! Has completado uno de los libros más completos sobre el trading intradía para principiantes. Ahora debes sentirte listo para comenzar tu nueva carrera como trader intradía.

A estas alturas, has ganado más conocimiento sobre este tipo de trading que cuando tomaste este libro. No sólo sabes lo que es el trading intradía, sino que también sabes cómo es un día típico para un operador. Además, conoces algunos consejos adicionales sobre cómo administrar tu tiempo, sabes varios errores comunes que cometen los traders intradía (que ahora puedes evitar), y conoces la mentalidad correcta por la que tienes que trabajar para alcanzar el éxito como operador.

Por supuesto, también has aprendido diferentes estrategias y plataformas de trading intradía que se utilizan comúnmente. Has aprendido los pasos que debes dar antes de empezar a operar, como la creación de tu negocio o plan de trading y toda la investigación que conlleva el aprendizaje de la profesión. También has leído sobre la creación de una lista de observación, la importancia de tu plan de trading y cómo ejecutarlo cuando comience tu jornada.

Este libro también aborda algunas acciones que muchos traders intradía observan a lo largo del día y los factores que te ayudarán a elegir las mejores acciones para ti. Además, has aprendido que hay diferentes tipos de corredores, cómo encontrar el mejor y los derechos que tienes cuando se trata de trabajar con el corredor elegido.

Aunque este es un libro completo para principiantes, tu viaje de investigación y aprendizaje como trader intradía no ha terminado. Hay muchos otros recursos que puedes consultar, incluidos los recursos incluidos en este libro. Quiero verte triunfar en tu carrera de trader intradía y, por lo tanto, espero que te lleves la información de este libro cuando comiences tu viaje. Mis mejores deseos y ¡feliz trading!